"河南文化与对外交流"丛书

主编　张喆
副主编　岳中生　黄婕

2022 年龙门石窟大修时的卢舍那大佛（黄婕 摄）

河洛石刻
文化记忆
研究

A Study on the Cultural Memory of
Heluo Stone Carvings

黄婕 著

社会科学文献出版社
SOCIAL SCIENCES ACADEMIC PRESS (CHINA)

2022 年龙门石窟大修时的卢舍那大佛（黄婕 摄）

《河南文化与对外交流》
丛书总序

　　"天地之所和也，四季之所交也，风雨之所会也，阴阳之所和也"——"天下之中"河南是华夏文明的起源地，在区位上雄踞中原，是最能代表中华文化内涵与品格的地域之一。河南省丰富多彩的文化内涵，以及大量国宝级的文物精华，具有历史文物实体和中华古典文明代表的双重身份。让河南文明之光真正走出中原、走向世界是每个河南人的热切期望。河南文化的相关研究成果丰富，近年来对外宣传与国际化交流也取得了一定进展，但必须承认，国际视野下的研究、翻译与介绍还存在表面化、简单化、千篇一律的问题。这方面的薄弱导致河南文化的历史价值和当代意义被严重低估。作为外语研究者的我们，历史重任和文化使命在肩，深感向世界言说家乡的必要性，这便是这套丛书策划与创作的初衷所在。

　　本丛书试图从文物、文学经典、语言翻译等多个方面搭建桥梁，以宏观的视野向世界展示河南与黄河文化。分册选题整合地域独具特色的文化资源，从本土和异域文化视角构建与世界多元话语交流融通的对话体系，为中外语境中黄河文化、河南形象话语建构等提供新的素材、研究理论及实践基础。黄婕的《河洛石刻文化记忆研究》，考察了蕴含在河洛地区石刻中的历史内涵与文化记忆、大众思想与生活印记，及其对国家历史书写、华夏身份认同所产生的影响。张优的《河洛文化典籍英译研究》，通过研读诞生于河洛地区的代表性典籍作品，分析了河洛文化在海外的译介范式与话语建构，探索新时期河洛文化对外译介与传播的有效途径。张喆、吕煜的《河南国际形象研究》，考察了当前英文、日文媒体中河南区域形象的基本情况，提出了优化河南形象、提高河南美誉度的策略与建议，并对于古都文化具体主题的翻译实践活动提供了具体翔实的参考。岳中生、张中美的《黄河文化外宣变译研究》，从变译视域和变译环境、变译群落、变译过程等视角，论证了黄河文化外宣应遵循的翻译策略，阐明并例证了基于特定读者的特殊需求而采取的具体翻译方法。程国兴的《日本古代文学中的汉籍故事及"汉家"形象研究》，一方面从汉籍故事影响的角度重新探讨日本文学史及日本文学特质，另一方面从汉籍故事相关文本入手对中国形象进行分析，基于汉籍故事的实证分析和比较文学形象学理论探讨了中国形象在异国文学中的流变特点。总的来说，本套丛书从多元视角和跨学科交叉的研究背景入手，涵盖了河南黄河文化国际交流的几个重要面向，旨在为读者带来河南的黄河文化、古都文化等国际研究的最新动态。

外国语言文学学科的黄河文化研究学术著作亦是"河南黄河文化国际交流研究院"建设的重要内容之一，本套丛书对于拓展黄河文化国际研究的研究视野和研究方法有着重要学术参考价值，对于河南黄河文化国际研究同历史、考古等领域的跨学科研究也有重要的开创性意义。举一例说明，学界对河洛地区古代石刻的相关研究主要集中在考古、历史考证等方面，忽视了石刻文化作为一种呈现在石头上的直观语言，也是对外展示、对外交流的绝佳材料。而本丛书的第一册《河洛石刻文化记忆研究》在专家指导下选取最优秀、最具代表性石刻作为立足点，采用图文并茂、深入浅出的方式，谨慎梳理河洛地区石刻遗存现状、深入挖掘文物的历史背景和社会意义，向世界立体展示出河洛地区古代石刻的源流、特色及其所承载的历史和文化记忆。另外，本丛书亦会抽出一些版面，针对极有价值但尚未被国际世界关注到的河南文化和文物，首次推出关于它们的英、日文材料，为相关领域提供切实的对外宣传新资料，真正将这些中华民族的文化宝藏推到海内外的公共视野中。

这套丛书的出版得到中央财政支持地方高校发展专项"河南黄河文化国际交流研究院"资助。我们真诚地期望，这套丛书能为黄河文化国际研究引入新视野、新方法；能够为推广河南形象的实践带来新活力、新面貌；为更多从事黄河文化国际研究的学术同仁提供参考和便利。特别期待有更多的读者能通过这套丛书真正了解河南，重新发现这片古老而又充满魅力的土地，理解它灿烂的文化与可爱的栖居者。

是为序。

张　喆

（河南科技大学教授、外国语学院院长）

2023 年 10 月

序
石上雕痕千古存

　　人类文明的衍化，石与陶是始终相伴的载体，寄文字于碑石，传递人文精神，是中国人的一大发明，渊薮文物之金石学，即是对碑刻记忆的完美诠释。作为一个从事碑志文献的工作者，与石刻打了一辈子交道，得知黄婕女士正在写一本关于河洛石刻文化记忆的书，甚感欣慰：河洛文化研究者中，终于有人着手为世人讲述河洛文明与石头的因缘故事了。

　　华夏文明进程中，河洛地区是一个特殊的存在，黄婕以恢宏的视野，俯视这块与文明同步的神秘土地，侃侃而述，为读者描绘了一幅绵延数千年的清晰图景，汉魏石经、西晋辟雍碑、唐升仙太子碑、宋会圣宫碑，这些被时光磨砺至今的刻石，巍然屹立于伊洛山水间，坚若金玉，熠然生辉。中国三大石窟之一的龙门石窟，夹岸伊水，壁立耸峙，千余石窟、两千余佛龛，十万余佛像、三千余碑刻题记，以及星罗棋布于黄河南岸，伊、洛水上下，崇山壑谷之间大小不一的佛窟题记，令人生发不尽敬畏与傲然之情。

　　让我们把目光向这幅石刻画幅上拉近，再拉近些，你会发现更多的远古信息，其宏博致密、高妙极致之美；灵动张歙、天然稚拙之趣，无论皇族芥民，精雕草就，皆妙若天工，在在皆然。诸如汉陵之镌字黄肠石、汉墓之硕大画像文字砖、鄙陋块独之汉刑徒砖等等，这些独特呈现的远古文字信息，与石刻相伴共存，其作用之珍罕，与碑志无异。

河洛地区散存可见的石刻诸物，是历代文治武功、人事更替的见证，遗憾的是，洛阳居于天下之中，历代群雄并起，逐鹿中原，兵燹荡野，损毁尤甚，湮灭于世者多矣。散毁不可再得者，不唯熹平石经、三体石经，北邙山上逶迤数十里之帝王陵墓之石仪、碑刻，至隋唐时已斫砻殆尽，"谁家石碑文字灭，后人重取书年月"①，"贤愚贵贱同归尽，北邙墓冢高嵯峨"②，读一读唐人关于北邙墓冢的诗句，即可想象当年碑碣文字废兴成毁之状。

洛阳是中华文明曙光最早升起的地方之一，"昔三代之居，皆在河洛之间"③。前人事死如生，习俗厚葬，为使人事不泯，垂裕后世，乃有墓志之作。洛阳城北邙山"起自河口，西逾平阴"，形若卧龙，由首阳山逶迤向西长约三十公里、黄河至洛阳城南约六十公里范围内，多冢墓丛葬之地，其中以北邙最为集中，几无卧牛之地，龙门西山、万安山规模次之。斯乃中国最大的地下碑廊，几十万座墓葬，数以万计的墓志铭，堪称一部石刻史书，给我们留下了弥足珍贵的财富。所幸附葬之墓志铭，近百年来所出甚多，墓志铭以简约的文体，详述人文迹事，镌于石上，此乃中华丧葬文化的一种独特现象，数百万字的翔实文献，堪可证史、补史、纠史之用。

---

① （清）彭定求等编《全唐诗》卷二百九十八《王建·北邙行》，中华书局，1960，第3375 页。

② （唐）白居易：《白居易诗集校注》卷十二《浩歌行》，中华书局，2006，第 902 页。

③ （汉）司马迁：《史记》卷二十八《封禅书》，中华书局，1982，第 1371 页。

现藏于西安碑林的开成石经，与洛阳之东汉熹平石经、曹魏之正始石经并称为著名的三大石经。唐文宗太和七年，诏选五经博士并刻制石经，何人负责，不得而知，"两唐书"《文宗本纪》和《唐会要》皆有记载，余事不得其详。洛阳千唐志斋所藏赵正卿墓志云：朝廷复古，立五经博士，赵应选拜国子监礼记博士，"寻兼领石经事"，由此可知赵氏乃开成石经之持领者，寥寥数言，灿然石上，谜底昭然若揭。

唐武则天"内辅外临"四十余年，其间改国号为"大周"，曾诏令造改新字，史籍记载有所讹误，后人臆测，说法或阙如，或舛误，不得统一。洛阳出土武周时期墓志铭多达数百方，武则天当政之年号无一缺佚，经甄察可知所造新字非一次颁布，除"曌"字讳而不用外，新字皆历历可得。余曾归纳为二十字歌诀：天地日月星，载初授证圣，国臣正年月，万君照人生。武氏造字，一朵文化浪花，颇堪玩味。

洛阳自古至今，水流丰沛，伊、洛、瀍、涧四河交汇，是隋唐大运河的发源地，历史上多有水患发生，唐许惟新墓志详细记载了开元年间一次特大洪水："天作霖雨，秋潦沸腾，涯涧伊洛，惊波襄岸，堤防以之决溃，间阎几于垫溺。"许惟新临危受命，抗洪抢险，"西疏禁御，东汇漕渠，审曲面势，属薪砻石。事无妨于百役，务不费于三时，蠹如长云，曾不踰月"，"人到于今赖之，其利莫与京也"，许公治水有功，功莫大焉。墓志文字，乃人事传记，诸如此类，不一而足。

碑石上的文字是一部浩瀚厚重的史书，一部鲜活的原始档案，你轻轻抖一下书页，会有无数惊奇的细节飘然而出，我们会由此看见文明的折光，回到时间的起点。黄婕的笔触收放自如，跟随她的文字，会一步踏进历史，瞬间成为古人，你会看见人类与石、与陶、与玉、与碑志之间的因缘际会，会被生生不息的神奇光芒震撼。

河洛石刻之追寻与耽研，功在不舍，"三代鼎彝，名山大川，往往间出。刻石之文，传世盖鲜"[①]，明末史学家张岱有云：天下学问，惟夜航船中最难对付，夜航船中或有士子僧尼，或有百工贱业，所讨论之天文地理、人物考古，包罗万象，最接近中国传统之原始状态。故中国传统文人，在经世致用、研经读史的同时，应始终抱持对清雅格调的追求和对博闻强记的倾慕。阅读《河洛石刻文化记忆研究》一书，钩沉研摩碑石文字，应作如是观。

碑学始于宋，兴于清之中叶，近年研述之风渐炽。洛邑素称九朝古都，向为形胜之区，人文荟萃，英才辈出。地上石刻昭昭，垂衍神明之胄，文字灼灼，灿若灵魂之光；地不爱宝，墓志多出，华章文字，皆珠玑管综。兴趣于此者，不妨收敛翅翼，从河洛山川大地出发，访碑览志，发微抉隐，开启一次碑石上的文化之旅。

"芸香浓处多吾辈，广觅同心叙古欢"（伦明藏书诗），碑学沈博，任重道远，侪辈当知行合一，笃行不息。笔者寡闻，纵论河洛石刻及记忆研究者，鲜见有人，此书言简意丰，纵横沉着，启发良多，读后感言，期与作者共勉之！

赵跟喜

（河南省文史馆馆员、千唐志斋博物馆原馆长）

2023 年 9 月 20 日于洛阳涧尾居

---

① （清）叶昌炽撰，柯昌泗评《语石·语石异同评》卷一，中华书局，1994，第 1 页。

目　录

第一章

文明与石头

　　无论身在何处，四周的生活场景中总少不了石头的影迹；回顾人类历史，沧海桑田中，也始终有石头相伴。毛泽东阅遍史书后，思索"人猿相揖别，只几个石头磨过，小儿时节。铜铁炉中翻火焰，为问何时猜得？不过几千寒热"[1]，以一个思想家的敏锐和政治家的气魄，点明石头在人类历史中的特别存在。"只几个石头磨过"，涵盖了人类的进化、从石器时代到冶炼铜铁的漫长时代，体现了东方文化特有的豪情。石头既是华夏人民生活中不可或缺的必需品，也是文化传承重要的载体之一，"女娲炼五色石以补苍天"，石头与人的关联，早在有关创世的远古神话中就开始了。

刻着历史的石头

　　石头作为人类主要工具的历史从距今 100 万年前开始，一直延

---

① 毛泽东:《贺新郎·读史》，载中共中央文献研究室编《毛泽东诗词集》，中央文献出版社，1996，第 145 页。

续到距今 4000 年前，人类利用石头、制造石刻的历史悠久。旧石器、新石器时代是人类历史上生产方式出现重大变革的时期，石头是当时人类活动最重要的载体，既能作为生存用品、生产工具（图1），也能用来创作远古时代的艺术。虽然近年考古有了许多新发现，但个人认为第一版发行于 1935 年的《旧石器时代之艺术》[①] 一书中的语言氛围和图片，虽朴素无华，但特别能够展现远古时代石制品遗物上洋溢着的精神力量。尤其是通过专业绘图书籍《石器绘图》[②] 略微了解石器绘图中的定位、点线、光线等视图的基本原理后，以立体的视线去观察不同时期人类制造和使用的石器遗物时，应该会由衷地赞叹我们先祖的智慧与意志。

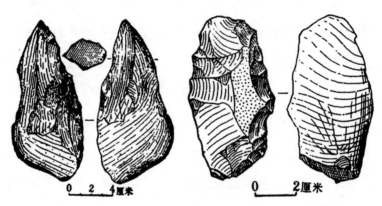

图 1 周口店出土绿砂岩砍砸器与燧石长边刮削器 [③]

人类"刻"的行为起源很早，考古发现很多旧石器时代有刻画的骨片。更能直观给人以艺术之感的是位于法国西南部的拉斯考克

① 裴文中：《旧石器时代之艺术》，商务印书馆，2015。
② 〔日〕田中英司：《石器绘图》，王春雪等译，科学出版社，2021，第ⅲ页。
③ 本书中的图片资料来源详见附录1。

斯洞穴（Lascaux）壁画，其创作年代可追溯至 15000 至 27000 年前的旧石器时代，其中的动物形象线条优美传神，画面具备构图意识，是当之无愧的艺术品。准确地说，这种用彩色垩土画在崖壁上的画统称崖画，可以算作后来摩崖石刻的先声。

随着生产力的提高，铜矿石和各种金属的发现，更为锋利和坚固的金属器具开始进入历史，作为生产工具的石器渐渐退出了人们的生产活动。因为工具和技能的不断进步，石头不再只是生产工具，而因其坚固性能被用作建筑材料，在公元前七八千年前的西亚耶利斯遗址中就发现了以石材建筑的望楼与城楼。人们对石材的加工技艺由此得到发展。到了古埃及王国时期，神庙、金字塔、纪念碑等石质建筑物大量出现。

更接近石刻的是远古时代的原始壁刻，在世界各地都有发现。中国的古代原始壁刻主要表现狩猎、动物、宗教、战争、生殖等活动场面，反映了古人对世界的认识。这些刻在石头上的壁画可以看作古代石刻的前身，对研究人类史前文明具有极高价值。

分布在黄河中下游地区最重要的新石器时代文化是仰韶文化，因 1921 年首次发现于河南省渑池县仰韶村而得名，曾出土大量的陶器、石器、骨器等遗物，它也被称为"彩陶文化"。考古工作者在仰韶出土的陶器上发现大量极富特色的彩陶花纹，还有很多重复出现的符号，被专家判定为仰韶先民有意刻画的陶文。

图 2 这幅很有意思的图案，生动地描绘了一只大鸟嘴里叼着一条鱼，右边有一把竖立的装有木柄的石斧。这一画面来自 1978 年出土于河南省汝州阎村的彩陶缸外壁，石斧上的孔眼、符号以及紧缠的绳子，都被用黑色线条细致地勾勒出来，简约而传神。该彩陶

图 2　河南汝州阎村彩陶缸上的"鹳鱼石斧图"

缸是新石器时代前期仰韶文化中的葬具，为砂质红陶，高 47 厘米，口径 32.7 厘米，底径 19.5 厘米。这幅图被命名为"鹳鱼石斧图"，位于彩陶缸外壁，约占缸体表面积的一半，是迄今中国发现最早、面积最大的一幅陶画。研究者认为，把"鹳鱼石斧图"放到当时的生产力水平、社会发展程度以及生产、生活情景中思考，这幅图主要是反映了瓮棺内所葬者生前在生产活动中的两项特长技能，以及寓意墓主在利用鱼鹰捕鱼和使用石斧进行砍伐两个方面为社会（其所在的聚落）做出的特殊贡献。① 由此可见，这个时代的石器在人们生活中存在感很强，主要是作为生存工具存在的。而真正的石刻文字出现在商代或者更早。河南安阳殷墟大墓中出土众多制作精美、器型多样的石容器，人们在石簋上发现了有可能是记事刻辞的

---

① 　朱乃诚：《仰韶文化庙底沟类型彩陶鸟纹研究》，《南方文物》2016 年第 4 期，第 57~76 页。

铭文。

石头也体现人类文化艺术表达和创造力的提高，伴随着磨制工具的发展，开始出现雕刻有文字和图案的石板。事实上，能够打造平滑表面是人类进步的表现，巫鸿注意到石材等作为"表面"存在的意义，他引用了视觉符号学学者迈耶·沙比罗的看法：

> 平滑的经过处理的表面是人类发展较晚阶段的发明。与之相伴的是新石器时代和青铜时代的磨制工具的发展、制陶术的发明和使用规整石材接缝技术的建筑。表面的概念可能是由于把这些人工制品作为符号载体而出现的。人类富于创造性的想象力认识到它们作为背景（ground）的价值，逐渐给予那些图写在平滑和对称的器表上的图画和文字相应的方向、空间和组合上的规律感。[①]

自此，经过打磨的石头、作为符号载体的石头的出现，才是真正意义上的石刻文化的肇始。作为背景和载体的石头，以及刻在其上的、被赋予特殊含义的图案、文字、造型等符号，共同形成时代的文化记忆。

中国古代关于石刻的记载很多，《吕氏春秋》中提到夏禹时代"功绩铭乎金石"，大约是中国关于刻石行为最久远的明确文字记载。此后，"商伐鬼方纪功石刻""箕子就封碑文""周穆王纪功石刻"……关于上古时代石刻的记载层出不穷，可见华夏文明在肇始

---

① 〔美〕巫鸿：《中国古代艺术与建筑中的"纪念碑性"》，李清泉等译，上海人民出版社，2017，第38页。

之初，就形成了将大事铭刻于石的习惯。早有学者总结："洪水时代无论，已由石器时代进而为玉器时代，于是乎镂石之法。欲考历代种族之区别、疆域之开拓、社会之习尚、文化之变迁、宗教之流传，均宜取资金石以为佐证。"[①] 石刻这种文化传统贯穿于中国历史，石制材料作为一种极其特殊的记忆媒介，一直在中华文明发展进程中担任着不可或缺的角色。

不过，学界通常把春秋战国之际的秦国石鼓文作为目前中国发现的最早石刻。[②] 这种刻在十个鼓形石上的四言诗，文字的书体为秦大篆，因石头形状似鼓而得名"石鼓文"。面对这些沧桑古旧、难以辨认的前代石刻文字，历代文人学士怀着好奇与感悟，留下大量诗文。如唐代有"苍颉鸟迹既茫昧，字体变化如浮云。陈仓石鼓又已讹，大小二篆生八分。秦有李斯汉蔡邕，中间作者寂不闻……"[③]；宋代有"兴亡百变物自闲，富贵一朝名不朽。细思物理坐叹息，人生安得如汝寿"[④]；等等。近代受郭沫若、吴昌硕等人的关注，石鼓文至今仍是一个学术研究热点。

石刻是最古老的、保留时间最长久的信息留存方式，刻着文字、图案的石头如同封存了历史的现场，让不同时代的人隔空交换信息、交流感受，文化的融会和文明的传承就是在这个过程中实现的。

---

① 陆和九：《中国金石学讲义》（上），北京图书馆出版社，2003，第77页。

② 历代对石鼓文的年代和内容多有议论考证，但至今尚无定论，比较有影响的看法是《石鼓诗》写于春秋早期秦襄公时，但是刻石是在春秋晚期或战国早期。参照裘锡圭《关于石鼓文的时代问题》，《传统文化与现代化》1995年第1期，第40~48页。

③ （唐）杜甫著，（清）仇兆鳌注《杜诗详注》卷十八《李潮八分小篆歌》，中华书局，1979，第1550页。

④ （宋）苏轼撰，（清）王文诰辑注《苏轼诗集》卷三《石鼓歌》，中华书局，1982，第105页。

文化记忆相关理论及流变

这是一个动辄谈及文化的时代，文化归根结底建立在历史的基础上，而历史书写是通过记忆完成的。文化与历史互为因果、密不可分，它们的前提都是需要存在记忆。记忆在每一个瞬间不断生成，让从前与此刻相连，让个体生命片段组成有始有终的完整故事。记忆是经验和知识生产的过程，也是书写历史的过程，个人的生理记忆短暂而有限，能将记忆变成记录则是文明发展的标志。当各个时代的记忆连成绵延久远的历史，人类整体生命也就得到了持续拓展，而这个过程也赋予个人对自我的认知和认同。

历史是一门很奇特的学科，长期以来一些历史学者致力于追求历史上的客观事实，把历史当作同自然科学一样的由客观材料构成的科学，然而事实证明，看似本应客观的历史真相，因为存在视角偏差，其中甚至不乏想象的成分，因此追求完全客观的历史真相只能是一种难以实现的理想。

由于历史语境和社会思潮的变迁，历史事实和记忆表述之间的关系长久地处于变动之中，亦真亦幻、一虚一实，既互相印证又有对抗张力，为文化研究留下了意味深长的空间。虽然各种文化研究的理论和方法多不胜数，但将历史与文化联系起来的基本原理之一，都无法脱离柯林伍德提出的"历史专指人的文化成就"之说，也就是说"一切历史都是思想的历史"（All history is the history of thought）。从欧洲文艺复兴开始，有了用人文主义研究历史的潮流，以科林伍德为代表的越来越多的人认识到，因为历史有解释性因素，只要研究历史之人的主观因素和时代因素无法去除，历史就无法被绝对客观地还原。关于历史方法论的众多探讨中，"历史是任人打扮的小姑娘""一切历史都是当代史"等较为极端的悲观性认识也来源于此。笔者认同当代文史学者中余英时、帕特里克·格里（Patrick J.Geary）等所秉持的人文主义历史观，认同历史学科存在"科学的层次"与"哲学的层次"①，并将其作为历史、文化研究的一个基本认识。

文化记忆研究也是建立在这个基础上的，它在 20 世纪初随着社会学家莫里斯·哈布瓦赫（Maurice Halbwachs，1877—1945）关于集体记忆的著作而产生。"记忆"成为历史书写中新的关键词，涉及民族学、民俗学、社会学、历史学、文字学、宗教学、文学等学科领域，在以德国为首的各个国家都掀起研究热潮。

莫里斯·哈布瓦赫首先提出的"集体记忆"（collective memory）概念将记忆社会化，他认为社会之所以需要记忆，是因为记忆赋予社会的"过去"一种历史的魅力，把最美好、神圣的事物贮存在与现今相对的另一个维度里。集体记忆的本质就是立足现在而对过去的一种重构，以群体成员个体的形式进行，实际上是同一社会中许多成员的个体记忆的结果、总和或某种组合。因而每个社会群体或机构（如家庭、宗教团体社会阶级等）都有各自不同的集体记忆。②

哈布瓦赫的核心观点是，记忆是受社会因素制约的，没有这个社会参照框架，个人记忆就无法形成和保存，个人记忆共同构成集

---

① 余英时:《史学、史家与时代》，广西师范大学出版社，2004，第78~94 页。

② 〔法〕莫里斯·哈布瓦赫:《论集体记忆》，毕然、郭金华译，上海人民出版社，2002。

体记忆。简而言之，在一个群体里或现代社会中，人们所共享、传承以及一起建构的事物都可以称为集体记忆。这个理论被德国学者扬·阿斯曼（Jan Assmann，1938— ）继承和发展，于20世纪80、90年代提出"文化记忆"理论，从文化传承方式的角度解释文明发展规律，探讨了记忆（有关过去的知识）、身份认同（政治想象）、文化的连续性（传统的形成）三者之间的关系[①]，引起巨大反响。

随后保罗·康纳顿（Paulo Connerton，1940—2019）通过著作《社会如何记忆》（*How Societies Remember*）伸延了这个概念，他以社会如何记忆为主题，重点研究集体记忆的实践性，用社会记忆、纪念仪式和身体实践三个层面阐释社会作为一个记忆单位是如何选择和传承记忆的，强调有关过去的意象和记忆知识是通过或多或少的、具有仪式性的操演来传达和维持的，比如操练、仪式、习俗、节日传统以及习惯等实践活动。[②]

皮埃尔·诺拉（Pierre Nora，1931— ）在法国民族认同遭遇危机的背景下研究地方与空间，以集体记忆为基础，尝试重新建构历史－记忆的一致性，影响深远。他提出"记忆之场"（lieu de memoire）的概念，这个词曾经被译作"记忆所系之处"，也很贴切。"记忆之场"被认为是实在的、象征性的和功能性的场所，是记忆的载体，可以是场所，也可以是一种物质或非物质实体，经由人类或时间转变，而成为一个社群的象征性遗产。最著名的例子是埃菲尔铁塔，它不仅仅是一座塔，更是法国的象征。

---

① 〔德〕扬·阿斯曼：《文化记忆》，金寿福、黄晓晨译，北京大学出版社，2015。
② 〔美〕保罗·康纳顿：《社会如何记忆》，纳日碧力戈译，上海人民出版社，2000。

皮埃尔·诺拉的本意是通过对记忆场所的研究，探询法兰西国民残存的民族记忆，找回群体、民族和国家的认同感和归属感，"记忆之场"这一概念一经提出便成为文化记忆理论的重要概念而被广泛引用。"记忆之场"可以既是自然的，又是人为的；既是感知的经验对象，又是抽象的创作。随着时间推进，由于人们的意愿或者时代的洗礼，最终成为一个群体的象征。

综观海外关于文化记忆理论的探讨，基本可以将文化记忆定义为"与文化相关的重构"，阿斯曼认为更精确的说法是重构（集体）记忆文字和其发展历程之间的联系，"各个群体想象出自我形象，一代代延续着身份，形成回忆的文化"。对某个群体文化记忆的考察，也是在探寻他们如何通过回忆的方式来建构身份、想象自我来源。

国内关于此研究理论的论文很多，著作相对较少，较有代表性的著作有《文化记忆与身份认同》。作者赵静蓉将文化记忆更为本土化地解释为："文化记忆的主要功能是为身份定位，一方面通过保存代代相传的集体知识来确证文化的连续性，并以此重构后人的文化身份；另一方面，通过创造一个共享的过去，再次确证拥有集体身份的社会成员，在时间和空间方面都向他们提供一种整体意识和历史意识。"[①]

另外，很多学者虽然不是直接研究文化记忆理论，但主动将其用于实践，对具体课题展开研究。如自 1997 年出版以来多次再版的《华夏边缘：历史记忆与族群认同》，其中的论述明显就是建立在文化记忆理论基础上的，以边缘视角理解族群，在历史记忆中反

---

① 赵静蓉：《文化记忆与身份认同》，生活·读书·新知三联书店，2015。

思认同。①

以上简略梳理和介绍了文化记忆理论，事实上利用和借鉴文化记忆理论和方法研究当前历史、文化和思想已经成了一种新的趋势。长期位于华夏文明核心区域——河洛地区的历朝古代石刻，既是现实中的客体实物，具有特定而明确的用途，又常常是某种象征或蕴含深刻思想含义，具备实在性、功能性和象征性三重内涵，是典型的文化记忆理论中的"记忆之场"。附着在河洛地区古代石刻上的文化记忆，是不同时代的群体记忆，石刻这种天然具有纪念属性的载体，与文本历史共同作用，不断加强、深化这种文化记忆，共同构筑和塑造华夏民族这个群体共有文化记忆的同时，也形成中华民族的一种身份认同。

本书以河洛地区古代石刻为研究对象，将河洛地区石刻视为"记忆之场"，采取实地勘察、搜集文献资料与文化记忆理论相结合的方法，尝试明确不同类型的石刻蕴含的文化记忆，以及这些文化记忆对国家历史书写、华夏身份认同所产生的影响，发掘其在政治、历史、文学、宗教、艺术等方面的历史意义与当代价值。

作为记忆媒介的石头

历史悠久是中国文化的本质特征之一。作为唯一存续至今的四大文明古国之一，中国总是与漫长历史相连。积贫积弱的时代，"一则曰老大帝国，再则曰老大帝国"似乎成了一种讽刺，被刺痛

---

① 王明珂：《华夏边缘：历史记忆与族群认同》，上海人民出版社，2020。

的梁启超愤而提倡"少年中国说"。如今由内至外、逐渐自信强大起来的我们，终于可以从容直面这种"古老"了。

其实，从人类居住、生息繁衍的角度来说，即使是很多所谓历史短暂的新兴国家，所在的那片土地上人类居住的时间未必比身居华夏神州的中华民族短暂。然而，如果经过的从前没有被记忆、被记录或留下任何痕迹，就等同于没有历史。"记忆"的需要即"历史"的需要，所谓历史即为再现之"记忆"。

记忆是人体的生理机能，也是人类的文化本能，但记录却与文明息息相关。《说文解字》中说："历，过也"，"史，记事也"，这可以作为历史一词最原始、最核心的解释。煌煌"二十四史"是中华民族共同经历的时间记录，也是一种不间断的、将我们作为一个整体不断重构的文化记忆。石头也能起到这样的作用，纵观河洛地区古代石刻的文化记忆，就是一部华夏文明史。

时代洪流中的文化记忆，有作为个体的私密性一面，也有作为群体的公共性一面，两者没有明显边界，常常互相关联、互为表里。正如历史学家菲马罗利指出的那样，在人类社会链条上，一端是"自我"的存在，另一端是"自我"与他人的关系，而正是这种往返不已的流动性以及链条的平衡才维持了"自我"的同一性。[①]

记录记忆的载体可以有很多种形式，可写于纸张、可绘于墙柱，甚至大可营造建筑城池、小可绣成衣衫锦囊，目的都是不被遗忘。从最原始的结绳记事到如今的录音录像，记录的方式与媒介多种多样，各有其利；承载的文化层面与内涵也相异，各有其美。从

---

① 〔法〕马克·菲马罗利：《"我是他人"：对于同一性的误解》，载《第欧根尼》中文精选版编辑委员会编选《文化认同性的变形》，商务印书馆，2008，第27页。

中国漫长的历史实践来看，铭刻于石是一种形式特殊但难以被替代的、非常重要的记录方式。

石刻泛指雕刻有文字、图案、造型的碑碣等石制品或摩崖石壁，平面为刻，立体为雕。古人为什么要进行石刻，刻在石头上的文化又有什么特殊之处呢？回答这些问题之前，我们应该注意到石刻的一个特点，也是理解石刻文化最重要的一个关键词——"力量"，石刻文化有别于其他文化之处也在于此。这其中包括两种力量，一个是人们打造石器、进行石刻时需要倾注的强大力量，另一个是石刻对抗时间的过程中散发出来的持久力量。

人们常用"基石"来形容某种重要且基础性的事物，因为石头的确曾经在整个人类文明发展历程中意义非凡。从久远的过去到并不遥远的昨天，人类的生存与每一点进步，都离不开石头。特别是在远古时代，那些动辄以万年为单位的漫长岁月里，人类祖先的心智演化过程是通过旧石器、新石器来体现的。坚硬无比的石头被人类打磨出痕迹、打磨出形状，从自然环境的一部分，演变为人类的工具、资材，不但为人们创造了生存条件，还为文明发展提供了极大助力。即便是当前社会发展日新月异的智能时代，似乎所有一切问题都可以通过数据、代码等抽象事物来完成，但其实那并不准确，石头在社会生活中依然有无可取代的作用。

前文提到的石刻文化的"力量"，来自人力与自然的碰撞，它也是可贵的人类文明之光。科技发展到今天，铭刻于石也仍然是一种极其费时、极其费力的笨拙方式。然而在大自然面前，柔弱渺小的古代人类，却敢凭着沉重的大锤、锋利的刀斧，或者仅仅是用另一块石头（再早些时候甚至除却一双手再无任何凭仗），就去挑战坚固顽石。

人与石，两股力量正面碰撞，人类凭借智慧、坚韧，以火热的血肉之躯驯服了冰冷坚硬的石头。这种原始而蓬勃的生命力，令人感动。

无论东方还是西方，都不约而同地留下了关于石头的文化，这绝不是偶然的。在东方，特别是在中原地区，石刻更是扎根于生活的独特历史实践，成为中华文明最深厚的沉淀。捶打削砍，火星四溅，人在与石的对抗中，也许用尽力气一次也只能留下一道浅痕。然而，一而再、再而三，周而复始，假以时日，研磨刻画、齑粉飞扬过后，粗糙变为平顺，坚硬变得柔和，或深或浅的痕迹变成沟沟槽槽，连成错落有致的凹凸线条，进而成为形态各异的石刻作品。长篇大论的铭文、惊艳众人的造型，甚至依山而建的摩崖巨制，都在这种经年累月的反复不辍中悄然生成，石刻这种行为本身就展示着中国文化中隐忍却不屈的顽强精神。

当代作家野夫在《身边的江湖》里有一段形容汉字的话非常独特："汉字的起点是忍辱负重者在暗夜的刻划——他们在坚硬的龟甲青简上，用石刀铁笔记录深埋于心的余痛。那些卜辞爻言中暗藏了这个民族的历史和祷告，以至于信史成为我们真正意义上的宗教。"刻画的行为的确是我们的古老传统，古代中国人曾铭文于龟甲、青铜、铁器、陶器等所有能划出痕迹的地方。但这类媒介记录记忆的最大问题在于稀缺性，有的天然存在但数量稀少，有的需要精心制作提炼才能得到，总之，大多数材料对于环境资源、工具、技术等都有所依赖。相比之下，山间河畔随处可得的石头更为原始和粗犷，几乎取之不尽、用之不竭，因此成就了独一无二、无可替代的石刻文化。

石刻行为本身也是中华民族在长期历史实践中积累起来的东方

式智慧。刻石纪事，源于古人对超越时间的向往，古人选择以有坚固本质的石头为材质来留下造型和文字，承载或细微、或宏大的历史，体现一种借势而为的现实精神。如同夸父逐日、精卫填海的传说一样，选择坚硬的石头进行加工雕刻，是一种既顺应天地又挑战自然的中国式思维。

惟妙惟肖的泥人、精致入微的木雕、色彩斑斓的刺绣，都体现制作者的巧思和审美，可以令在场者一时为之叹服。然而因材质不耐保存的问题，对后世的影响终归有限。对恒久的追求是中华文明特有的浪漫，铭刻石头的行为正是为了"贞石永固""期于不朽"。时至今日，古今中外的纪念碑、纪念塔大多选择以石材制作，这仍是为了求得最广大的群体最长久的认同，以达到记忆与纪念的目的。

数量巨大且能存续百年千年，这是石头的力量，也是石刻文化与其他媒介文化的本质区别。承载信息和文化的石刻，横向可以被广泛设置于不同空间，还能移动；纵向可以跨越数个时代，甚至被不同时代的人修改增删。集历时性与共时性于一体的石刻，经历见证悠远历史，自身也参与构建新的历史并传递下去。石刻垂之久远，昭示众人，不愧是塑造群体认同、传承文明独一无二的最佳媒介，因而能够自然而然地根植于中国文化深处绵延至今，成为河洛文化记忆、华夏文明、中华民族身份源头的重要组成部分。

石刻文化的起源与发展

广义上的石刻，包括制作、雕刻在石材上的形状、图画、纹饰、文字、立体形象等等。从宏大的视角来看，石刻文化的产生与人类文明的发展几乎完全同步，以石器时代划分人类的史前发展自有其道理。

大约受秦国传统的影响，秦始皇也非常热衷于刻石纪事。司马迁在《史记·秦始皇本纪》中不仅将秦始皇统一中国后巡游天下、在多处留下石刻之事记载下来，还记录了一些具体的文字内容，如秦琅琊台刻石中的"刻于金石，以为表经"等。赵超的《中国古代石刻概论》认为，这是中国古代对于石刻进行著录与研究的开始。[①]

比较奇怪的是，西汉时代的石刻活动少有记载，迄今为止发现的石刻实物也很有限，但石刻文化在东汉时期迎来了一个蓬勃发展的高峰。清代翁方纲的《两汉金石记》共收录九十八种，其中东汉石刻九十五种，西汉石刻仅三种；而今人施蛰存20世纪80年代收集的《汉碑目录》中，西汉不过二十二种，东汉却有三百八十八种。[②]虽然近年来随着考古新发现的增加，具体数字有所变动，但两汉石刻一冷一热的巨大差别完全没有改变。一些学者认为，东汉时代的祭祀制度发生了重要变革，由庙祭变为墓祭，石刻文化跳过西汉时代的原因是丧葬制度的改变。

无论如何，自东汉起，刻石纪事的行为在中国社会扎下根来，石刻文化传统绵延不断。尤其是东汉都城洛阳一带，在先秦时代、汉魏、隋唐，直至宋代，都是刻石中心，是石刻活动最频繁、石刻艺术水准最高的区域，如今仍然保存在河洛地区的石刻数量也极

① 赵超:《中国古代石刻概论》(增订本)，中华书局，2019，第1页。
② 施蛰存:《金石丛话》，北京出版社，2017，第63页。

多。古代早期石刻大多是官方行为，其中不乏当时王朝倾其所有力量进行的国家文化工程。后来的石刻，即使多是民间自发行为，也强烈反映了当时的大众思潮和社会风尚，从河洛石刻中可以清晰地看到中华文明两千年来的演变过程。

石刻文化的传播特点

石刻文化从形式上可以分为文字石刻、艺术石刻、建筑石刻等，从功能上又可分为陵墓石刻、宗教石刻、生活石刻等，每一类下面都有更多、更细的分支。古人费时费力地打造、铭刻石头，除了用于建筑、实用工具以外，更多的还是用于宣传纪念，最直接的目的是让所刻的内容能够广泛而持久地传播。

在传播学中，传播是长期过程中的瞬间（moment）和广泛集合体的片段（fragment）的结合。石头易于保存、不易腐蚀，时间属性远远优于其他用于记录的媒介材料。相比于古代西方人喜欢用石材搭造建筑物，东方人喜欢用木材做建筑，而把石材广泛应用于追求昭示众人、永垂不朽的目标。曾有日本学者关注到这一现象，用"石文化"和"木文化"来区分东西方文化。[1] 我认为这完全是基于东西方地区人们居住的传统建筑而得出的结论，如果从文化传播、传承的角度来说，他必然也会承认并惊艳于东方的"石文化"。

传播的终极目的是信息流通，以石为载体的石刻多以公开的传播方式，记载标准规范，如石经等；纪念重大历史事件或表彰、感

---

[1] 〔日〕后藤久：《西洋住居史：石文化和木文化》，林铮顗译，清华大学出版社，2011。

谢某些人物，如众多功德碑、牌坊、纪念像等；宣传颂扬宗教信仰，如石窟、佛像等；还有用于达到周知效果的各种标识、标记、契约等也多以石刻形式出现。总体来说，中国古代的大多数石刻内容都与纪念与传播相关，常常与传统社会道德、规范、古典文明精神联系在一起，以达到传承弘扬的目的。

"人事有代谢，往来成古今。江山留胜迹，我辈复登临。"这是孟浩然的诗作中除了"春眠不觉晓，处处闻啼鸟"之外的另一名句。这首《与诸子登岘山》的最后一句是"羊公碑尚在，读罢泪沾巾"。从中可见，不光今人，即使是古人，在不断制造石刻传于后世的同时，也通过石刻了解更古老的时代，并产生情感上的联系和认知。

同样是传播，口语主要用来交流，可以随时撤回更改；纸张用于迅速、低成本地传递信息，可以在一段时期内保存；只有金石，一经镌刻，即成永久。传播学中把媒介分为"偏倚时间"的媒介和"偏倚空间"的媒介，前者是质地较重、耐久性强的媒介，较利于克服时间的障碍，长久保存；后者是质地较轻、容易运送的媒介，较适于克服空间的障碍。"偏倚时间"的媒介是某种意义上的个人的、宗教的、特权的媒介，强调传播者对媒介的垄断和在传播上的权威性、等级性和神圣性。石刻自然是典型的"偏倚时间"的媒介，重视并大量制造和应用石刻，相对来说必然需要强调习俗和延续性的社会环境，这种环境具有秩序稳定、等级森严的特征。①

---

① 戴元光、金冠军：《传播学通论》，上海交通大学出版社，2007。

后人研究历史，常常会说某种事物的出现、某种潮流的形成是历史的必然选择。从这个意义上来说，石刻现象能够扎根于中国社会，是其本身属性与环境相互选择的结果。数千年不曾中断的刻石纪事行为、长期传承的石刻文化，说明神州大地虽然多次经历动荡，但两千多年中从本质上从没有脱离以小农经济为主的追求长期稳定效益的社会。无论王朝如何变更，一时的激变之后，中国社会始终还是会归于秩序稳定、等级森严，这一本质特征不会变。石刻文化的存在，正是契合了这一点。人们刻石，是为后代留下公共性记忆的标记，也是培养人连续性的时间意识——勒兹于石，永垂不朽，石头上的信息是用来长久传承的。

特别是那些如摩崖石刻等因地制宜的巨型石刻，此文此石、此石此地、此地此情，构成自成一体的空间场域，世人每次观望都是一次身临其境的学习，而石刻每次被人观摩都是一种公开传播。事实上，长期以来，人们与石刻之间一直存在交流互动。例如访碑、读碑一直是中国古代士人文化活动中的重要环节，清人黄易图文并茂的《嵩洛访碑记》记录了他长途跋涉、不辞劳苦地到处寻访古代石刻的乐趣。正如清人叶昌炽所说："野寺寻碑，荒崖扪壁，既睹名迹，又践胜游，此宗少文、赵德甫所不能兼得也。"① 甚至，"读碑图"也成为古代绘画史上的一个特定概念。

现藏于日本大阪市立美术馆的李成《读碑窠石图》是迄今年代最早的"读碑"主题作品（图3）。巫鸿认为，在古代废墟文化语

---

① （清）叶昌炽撰，柯昌泗评《语石、语石异同评》，中华书局，1994，第564页。

图 3　李成《读碑窠石图》，绢本水墨

境中，"读碑图"中蕴含着读碑者的怀古情感①；王天乐则认为"人与碑的空间相遇，催生了文人思考历史和理解自我的新方式，亦是文人群体将'读碑'这一行为置于时间轮回与命运生死中的时空化重建"。② 传播侧重空间性和共时性的石刻，比其他文献更有利于

---

①　〔美〕巫鸿：《中国古代艺术与建筑中的"纪念碑性"》，李清泉等译，上海人民出版社，2017。

②　王天乐：《碑鸣：中国古代"读碑图"的图像功能与文化意涵》，《美术》2023 年第 8 期，第 98~105 页。

沟通古今，更易产生历史和当下的关联。不知不觉中，石刻一直在参与我们民族群体记忆、文化的构建。

石刻传播的另一个显著特点是可以通过拓本从一个传播源化身为无数个传播源。当代学者程章灿把石刻作为一种文献形式，分为写本、刻本、拓本、辑本四种形态进行论述，还考察了石刻的阅读现场，根据是否迁移而分出了第一现场和第二现场。[①] 拓本来源于石刻，是石刻实物与纸墨相互配合，经由人工椎拓而成的一种新的版本形态。拓本是石本的衍生物，也是石刻内容的复制与再现，相当于石刻本身的无数分身。很多时候，因为各种原因，原石已经不存，但还有拓片流传，这时候的拓片，不仅是一种文献形态，其本身也是一种文物形态，具有珍贵的艺术价值。

石刻的空间场域因为不同的观看而不断生发新的意义，会随着时代与历史的发展具有更深刻、更丰富的内涵。由于石刻传播的特殊性，它不会轻易被新兴的传播媒介取代，停在石头上的文化记忆也成为探寻中国人身份认同的最佳切入点。

中国特有的金石学

金石学自古以来一直是我国文化中一门特有的学问，以古代青铜器和石刻碑碣为主要研究对象，从广义上说古代对文物即古物的研究都可算作金石学的范围，其可谓考古学的前身和源流。"金"与"石"的组合，早见于《墨子》：古之圣王，"书于竹帛，镂于

---

① 程章灿：《石刻文献之"四本论"》，《四川大学学报》（哲学社会科学版）2022年第5期，第45~54页；《石刻现场阅读及其三种样态》，《文献》2021年第4期，第4~15页。

金石，琢于盘盂，传遗后世子孙。"① 秦始皇巡游石刻中，《琅琊刻石》和《峄山刻石》中有五处使用"金石"一词，在汉代以后的碑刻中出现的就更多了。

近代学者马衡对金石学的定义是："金石者，往古人类之遗文，或一切有意识之作品，赖金石或其他物质以直接流传至于今日者，皆是也。以此种材料作客观的研究以贡献于史学者，谓之金石学。古代人类所遗留之材料，凡与中国史有关者，谓之中国金石学。"② 朱剑心在《金石学》中进一步明确了金石学的概念和方法："金石学者何？研究中国历代金石之名义、形式、制度、沿革，及其所刻文字图像之体例、作风，上自经史考订，文章义例，下至艺术鉴赏之学也。"③ 可见中国传统的金石学研究方法总体来说偏重于著录和考证，以达到证经补史的目的。

前文提到的唐代初期发现石鼓文后，历代文人关于石鼓文的谈论和诗作，也可以看作一种文化人自发的、粗浅初级的金石学研究。事实上石头伴随着人类先祖的生活，古人对石刻的重视和自发性研究也从未间断。不仅史书如《史记》《汉书》《后汉书》都对石刻文字有所记载，许慎的《说文解字》也收录了郡国山川所出鼎彝等"前代之古文"。阎若璩《潜邱劄记》卷二云："魏太和中，鲁郡于地中得齐大夫送女器，有牺尊，王肃以证'婆娑'旧说之非……汉章帝时，零陵文学奚景于舜祠下得白玉琯，乃以玉作，传至于魏，孟康以证《律历志》'竹曰管'说之未尽。"可见当时学者已将

① 吴毓江:《墨子校注》卷四《兼爱下》，中华书局，2006，第 178 页。
② 马衡:《凡将斋金石丛稿》，中华书局，1977，第 1 页。
③ 朱剑心:《金石学》，浙江人民美术出版社，2015，第 3 页。

出土古器用于对旧籍的考订。北魏时期郦道元的《水经注》"引汉碑百，魏碑二十，晋及宋、魏称是"；杨衒之的《洛阳伽蓝记》也"引寺中所有碑志，约二十条"。这些对石刻文字内容的存录、鉴定、考释等，便是金石学的萌芽。

南朝梁元帝《金楼子·著书篇》载其有《碑集》十帙百卷，可惜书早亡佚，内容无从考见。一般认为，金石学创肇于宋，清代学者王鸣盛在《潜研堂金石文跋尾》序中说："金石之学自周、汉以至南北朝，咸重之矣。而专著为一书者，则自欧阳永叔始。"①

北宋中叶金石学已蔚然成风，当时的学人已经初步具备石刻与史传互相考证的意识。欧阳修的《集古录》集录达千卷之多，"自周穆王以来，下更秦、汉、隋、唐、五代，外至四海九州，名山大泽，穷崖绝谷，荒林破冢，神仙鬼物，诡怪所传，莫不皆有"②。

赵明诚的《金石录》在此基础上进一步从目录学角度整理石刻文献著作，属于通代石刻文献目录，是中国现存最早的碑刻目录和研究专著。洪适的《隶释》《隶续》从断代分体的角度，对石刻文献进行辑录整理。南宋陈思的《宝刻丛编》按照地域分类，是分地辑录，与《舆地碑记目》是同类。《宝刻类编》则按照石刻书者之身份类型，分为八类依次辑录。从这些编纂体例及其中所体现的思路中，可以看到石刻文献目录学与集部总集类目录学之间的互动关系，而石刻辑本的编撰，就是具体而实在的石刻文献目录学实

①　（清）钱大昕：《潜研堂金石文跋尾》，凤凰出版社，2016，第 5 页。

②　（宋）欧阳修：《欧阳修全集》卷四十二《集古录目序》，中华书局，2001，第 600 页。

践。① 王国维认为金石学发端于宋，他说："宋人治此学，其于搜集、著录、考订、应用各面无不用力，不百年间，遂成一种之学问。"②

元明时期的金石研究稍显逊色，但也有朱德润的《古玉图》，它是现存年代最早的一部鉴赏古物的论著。此外，还有元潘昂霄的《金石例》、明赵崡的《石墨镌华》、陶宗仪的《古刻丛钞》、都穆的《金薤琳琅》、来濬的《金石备考》等。

金石研究在清代时再度兴起，玩赏阅读金石碑帖成为士人的普遍风气，甚至成为士人身份认同的一个标志。特别是拓本的流传，让清代学者在先秦金文研究工作中取得很大的进展。有人据容媛所辑《金石书目录》统计，现存金石学著作中，北宋至清乾隆之前 700 年间有 67 种（其中宋人著作 22 种），清乾隆及以后约 200 年间竟达 906 种。由此可见，清代金石研究硕果累累，可谓达到鼎盛。乾隆十四年（1749）钦定的《西清古鉴》，阮元的《积古斋钟鼎款识》，冯云鹏、冯云鹓的《金石索》，徐同柏的《从古堂款识学》，孙诒让的《古籀拾遗》，吴大澂的《愙斋集古录》，都是研究先秦金文的辉煌成果。

晚清至民国之际，石刻拓本、辑本流通形成一个巨大的市场，偶尔还有石刻文物的流通，王国维、罗振玉、郭沫若、唐兰、陈梦家、容庚、于省吾诸家，都是金文研究的重要学者。借助敦煌古写本的发现，以及甲骨文、古陶文、先汉简策、先秦帛书等研究的新

---

① 程章灿：《石刻文献之"四本论"》，《四川大学学报》（哲学社会科学版）2022 年第 5 期，第 45~54 页。

② 王国维：《宋代之金石学》，载《静庵文集续编（王国维遗书五）》，上海古籍出版社，1983，第 70 页。

进展，他们后来居上，纠正了前代学者的一些错误，也解决了不少前人未解决的问题。民国时期的大学开设有金石学相关课程，历朝历代的金石学家和现代古玩收藏家也有一脉相承的关联。金石学家陆和九（1883—1958）认为历代著作虽多，但缺乏系统的爬梳整理，于是他自己动手，以《中国金石学（正续编）》填补了这项空白。他特意提出"金石学者，以文字为主干"，但不赞成将"甲骨、陶玉、木竹之类文字"也归于金石学，强调这些应与金石学区分开来作为前编，让其"成为历史上有系统之独立科学而不为古人奴隶，此区区之心所厚望于金石同志者也"[1]。

古代金石学者的相关研究，有其深情，也有其局限。因为古代研究金石不易见到实物，所以门槛很高，文化积淀、雄厚财力、闲余时间以及钻研志趣等诸多条件缺一不可。欧阳修晚年自号"六一居士"，就是源于"吾家藏书一万卷，集录三代以来金石遗文一千卷，有琴一张，有棋一局，而常置酒一壶。……以吾一翁，老于此五物之间，是岂不为'六一'乎？"[2]

古代笃好金石之学的人大多家境优渥、幼承庭训，有人出于优游玩赏的态度，有人出于史学考证之需。金石学者除了精于篆刻金石之学外，大多还博览群书，善诗词书法。最广为人知的是北宋赵明诚（1081—1129）与李清照（1084—1155）夫妇。两人的毕生收藏随着"靖康之变"而"又散为云烟矣"。赵明诚去世数年后，孤苦无依的李清照整理《金石录》忆起"赌书消得泼茶香"的往事，作序记录金石书画的得失与家国的动荡离乱，字

---

① 陆和九：《中国金石学讲义》，北京图书馆出版社，2003，第1页。
② （宋）欧阳修：《欧阳修全集》卷四十四《六一居士传》，中华书局，2001，第634页。

字含泪。

> 昔萧绎江陵陷没，不惜国亡而毁裂书画；杨广江都倾覆，不悲身死而取图书。岂人性之所著，生死不能忘欤？或者，天意以余菲薄，不足以享此尤物邪！抑亦死者有知，犹斤斤爱惜，不肯留人间邪！何得之艰而失之易也！呜呼！……然有有必有无，有聚必有散，乃理之常。人亡弓，人得之，又胡足道。所以区区记其终始者，亦欲为后世好古博雅者之戒云。①

金石学研究与王朝盛衰和时代风尚息息相关。正是民间所谓的"乱世黄金、盛世收藏"。每逢乱世，首先遭到毁灭性打击的就是金石学，李清照的怆然之悲也反复被对金石寄予学识情趣的金石学者体会。

近代学人朱剑心的《金石学》初版序言，同样也体现出知识分子对文物、文化以及家国的热爱与忧愤：

> 而风尘荏苒，卒卒未遑。去秋江南沦陷，故里丘墟，兵燹之余，百物荡尽。尤可悲者，自先母见背，尽室流亡，逮及桐庐，而先君又逝！建新旅食申江，竟不一面，痛父骨之未归，嗟手泽之莫存，肝肠断绝，抱恨终天。读礼之余，每念先人所藏金石图书，凡二万卷，三百年来奕世传守，未尝失坠。先君在时，常出所藏以诏建新，或言制度，或订源流，

---

① （宋）李清照著，黄墨谷辑校《重辑李清照集》，中华书局，2009，第128页。

或释文字，或辨真赝，或别拓本之先后，或评书迹之优劣，风雨晨昏，一卷摩挲，恒忘寝食，趋庭之乐，盖有过于师友之督责者；而今已矣，痛可言耶！于是发愤欲成兹一编，以志我先人传守之不易，而冀以告慰先灵于万一也。呜呼！河山破碎，遍地烽烟，举国庋藏，尽收浩劫，一家传守，庸何足道！①

两段相隔千年的记述遥相呼应，无论在什么年代，山河破碎，战火离乱造成的文物尽毁，带给文化人士的震动都是一样的。古人通过研究、著录、积累，保存了大量有价值的金石资料，成为我国文化宝库中的一份珍贵财富。他们研治金石之学的目的多为"使之永存于天地间，俾后之学者有所鉴焉"，也借所谓不朽的金石，思索短暂人生中情感与物质的关系。

对金石的态度深刻反映一个时代的社会与文化。促进金石学形成、发展以至兴盛的还有历史学、古文字学的进步，新资料的发现以及墨拓、印刷术的进步等。例如宋王朝在唐末五代割据、混乱之后建立，统治者急需巩固政权、建立伦理纲常秩序。当时从帝王到士大夫对古代礼乐器物的收集、研究和著录热潮，正是在大力提倡、奖励经学的形势下兴起的。可以说宋代崇古运动是金石学兴盛的重要条件，同时，金石学的兴起也是宋朝崇古之风的集中体现。有学者通过对金石学的梳理，认为宋朝尚古学者热衷于金石古器物及其拓片的收藏、鉴赏和著述，深远地影响了当时及后世中国社会

① 朱剑心：《金石学》，浙江人民美术出版社，2015，第5页。

文化的诸多方面，如古文字学、书法、绘画、风俗和生活方式。^①

金石学保存下来许多有价值的铭刻资料，考证出不少古器物的名称和用途。不足之处是它还是停留在表层的整理和研究，未能对器物的制作、形制、花纹等进行深入研究，基本上未研究断代等问题，因此，中国古代金石学终未能形成完整的科学体系。现代考古学传入中国后，金石学变成考古学的组成部分。

"重构中国学术话语体系"是近年哲学社科与人文学科研究的热点，源自 2016 年 5 月 17 日，习近平总书记主持召开哲学社会科学工作座谈会，提出建设中国特色、中国风格、中国气派的哲学社会科学。借此东风，包括古代石刻研究在内的不少冷门绝学再次焕发生机。尊重世界多样性，从中国传统文化中汲取养分，超越单一的西方话语体系，为全球理论发展做出中国的原创性贡献这一思考方法无疑是极有价值的。在富有中国特色的知识和学术话语体系当中，基于中国特殊历史实践而形成的金石学，被认为具有中国原创性的方法和范式，必将受到越来越多的关注。

---

① 〔美〕陈云倩：《金石：宋朝的崇古之风》，梁民译，社会科学文献出版社，2022。

第二章
河洛地区石刻源流

"河洛"的历史与范围

何谓"河洛"？"河洛"一词（古书作"河雒"）在当今并非常规词语，而是一个有多重含义的专有名词，基本可以理解为黄河的"河"与洛水的"洛"两个字的组合。例如，"河洛"表示"黄河与洛水之间的地区"，"洛阳""洛水""河图洛书"等用法，都是由黄河、洛水的基本含义延伸出来的特定指代。

古代史中"河洛"这个词出现的频率极高，司马迁"见父于河洛之间"[①]；曹植"臣闻河洛之神，名曰宓妃"[②]；刘勰"取象乎河洛，问数乎蓍龟"[③]……可谓"古今多少事，都在河洛间"。尤为著名的是司马迁《史记·封禅书》中对"河洛"的一段描述："昔

---

① （汉）司马迁：《史记》卷一百二十《太史公自序》，中华书局，1982，第3295页。

② （三国魏）曹植：《曹植集校注》卷二《洛神赋》，中华书局，2016，第420页。

③ （南朝）刘勰：《文心雕龙译注》，齐鲁书社，2009，第99页。

三代之居，皆在河洛之间。故嵩高为中岳，而四岳各如其方，四渎咸在山东。"① 短短一句话，条理清晰地叙述古代中国神州大地的山川形势，也点明"河洛"在古代文化中的崇高地位。

黄河与洛河交汇处是洛阳盆地，其中心地带的洛阳被称作"河洛上都"，中华民族的先民在此处创造的灿烂物质文明与精神文明，被称作"河洛文化"。河洛文化内涵丰富，很多内容都直接涉及华夏文明形成的重要源头。例如关于文字起源的神话传说仓颉造字的地方，有学者根据《河南志》的记载，推断就在洛阳市洛宁县。虽然仓颉造字的具体方位还有待考证确认，但"洛汭之地"本身就证明了洛河流域在古代中国的地位，河洛文化的地位更是不言而喻的。

图4　民国时期立于巩义石窟寺的"河洛神迹碑"

---

① （汉）司马迁：《史记》卷二十八《封禅书》，中华书局，1982，第1371页。

"河洛文化"常被作为一个专有名词提起，但关于河洛地区的地域范围一直未有定论。曾有以有无明确地理界限为标志的"模糊说"和"四至说"两个阶段。史善刚认为："'河洛'就地域而言，指的是黄河中游南岸（西起潼关东至郑州）洛水、伊水及嵩山周围地区并颍水、汝水、禹县、登封等地，大致在北纬34°~35°、东经110°~114°之间的地带。"① 而朱绍侯认为河洛文化圈实际要超过河洛区域范围，"河洛文化圈应该涵盖目前河南省全部地区，东与齐鲁文化圈相衔接，南与楚文化圈相衔接，西与秦、晋文化圈相衔接，北与燕赵文化圈相衔接。究其实质，河洛文化就是狭义的中原文化。广义的中原文化应包括齐鲁、秦晋、燕赵等文化"②。

薛瑞泽等河洛文化研究者在此基础上，从地理环境和民俗文化的差异以及交通形势的变化等方面考察，提出可以确定河洛地区指的是以洛阳为中心，东至郑州、中牟一线，西抵潼关、华阴，南以汝河、颍河上游的伏牛山脉为界，北跨黄河以汾水以南的济源、焦作、沁阳一线为界的地理范围。同时也特别强调河洛地区作为一个文化区域，其范围不是一成不变的，随着文化中心影响力的变化，文化区域的范围呈现出或大或小的扩张或收缩，需要用历史唯物主义的观点考察。③ 本书中的河洛石刻文化所涉及的河洛地区范围，采取这一观点。

---

① 史善刚：《河洛文化论纲》，河南人民出版社，1994，第1~2页。
② 朱绍侯：《河洛文化与河洛人、客家人》，《文史知识》1994年第3期，第40~46页。
③ 薛瑞泽：《河洛地区的地域范围研究》，《洛阳师范学院学报》2005年第1期，第5~9页。

　　河洛地区，尤其是洛阳，之所以被称为四方辐辏之地，在生态环境上自有其特殊之处。洛阳盆地具有多重过渡性特征：气候上处于北亚热带与暖温带的过渡带；地形位置处于二级阶梯与三级阶梯的过渡带；纬度方面，这里是中纬度与高纬度的过渡带；农业方面处于粟作农业和稻作农业的过渡带；文化方面，这里是四方文化汇聚之地。河洛地区的多重生态环境特质，造就了河洛文化的过渡性特征及多重边缘效应。

石器时代的河洛地区

　　石头自始至终与人类活动和生活息息相关，石刻也当之无愧地成为人类文化最持久的重要载体。具体到河洛地区，这里位于中国东西交汇、南北过渡地带，有较为丰富的石器时代遗址以及珍贵的直立人和智人化石的发现，对于东亚人类起源与扩散等问题的研究具有重要意义。目前已发现的以洛阳栾川一带为中心、横跨旧石器时代早中晚期的遗址地点有 36 处。此地远古人类的石器工业面貌以北方小石器工业为主，也发现了具有南方砾石工业特点的旧石器，有相对完整的考古学文化序列。人类利用石头、制造石刻的历史源远流长，因此，从广义上说，河洛地区的石刻文化也可以直接追溯到石器时代。

　　洛阳一带旧石器时代的文化遗存主要有伊川县穆店、洛阳市凯旋路等处。穆店发现的旧石器遗物有 2 件，凯旋路旧石器遗址出土的旧石器近 40 件，包括石核 9 件、石片 17 件、刮削器和砍砸器各 1 件，制作方法为锤击法。在这一遗址中还发现了诺氏古菱齿象化石，当时洛阳一带的气候温暖湿润，适合大象等动物生存，据测定该遗址的年代距今约 5 万年。[①]

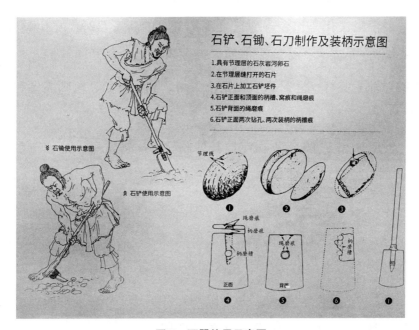

图 5　石器使用示意图

河洛地区的先民们在距今 1 万年左右告别旧石器时代，步入新石器时代。目前发现的新石器时代遗存有 200 余处，主要分布在黄河两岸以及伊河、洛河、瀍河、涧河流域。由这些丰富的遗存可以得知，这个时期河洛地区的气候由湿润转向干旱，大象、犀牛等哺乳动物已经灭绝，生存环境由丛林变成了黄土地，人口急剧增加。磨制石器代替了原始的打制石器，生产方式也由采集、狩猎向原始农业过渡。1921 年瑞典地质学者安特生在河洛地区的渑池县仰韶

---

① 张森水、梁久淮、方孝廉：《洛阳首次发现旧石器》，《人类学学报》1982 年第 2 期，第 149~155 页。

村境内发现仰韶文化遗址。之后洛阳及其周边地区更多的遗存被陆续发现，分类为裴李岗文化、仰韶文化、龙山文化三个时期，各时期文化叠压，层次清晰，且有明显的连续性。

裴李岗文化是迄今本地区发现的最早的新石器时代文化类型，距今 8000 年左右，反映了旧石器向新石器过渡的状态。调查和发掘的遗址主要有：登封双庙、临汝中山寨和槐树荫、偃师高崖和宫家窑等。

仰韶文化于 1921 年在渑池县仰韶村首次被发现，是分布在黄河中下游地区的一种重要的新石器时代文化，距今 7000 至 5000 年。主要遗址有孟津妯娌遗址、洛阳王湾、史家湾、孙旗屯、矬李遗址等，许多遗址有文化前后相承的现象。仰韶文化的特点之一是制陶业发达，以红陶为主，也有灰陶、黑陶，又被称为彩陶文化；石器制造也在发展，从打制转向磨制，并掌握了通过穿孔制造复合石质工具的技术，进一步提高了生产效率。

龙山文化是继仰韶文化之后逐步发展起来的一种新石器时代晚期的文化，以黑陶为主要特征，年代约为公元前 2600 年至公元前 2000 年。河洛地区河南龙山文化遗址的分布甚为稠密，其中在伊、洛、瀍、涧诸水沿岸的分布情况，几乎与当今的村落相当。新石器时代文化属氏族社会后期的文化，正处于中国文明逐步形成的历史时期。河洛地区的龙山文化遗址中王湾遗址经历仰韶、龙山文化的演变尤为明显，反映了河洛文化的继承性和源远流长。①

以洛阳为中心的伊水、洛水流经区域，是中国新石器时代一个

---

① 薛瑞泽：《论河洛文化的滥觞期》，《河南科技大学学报》（社会科学版）2006 年第 2 期，第 22~30 页。

相对独立的考古学文化分布区。半个多世纪以来，考古工作者在对伊洛地区新石器时代遗址的考古发掘中，发现了一批新石器时代晚期的王湾二期文化、王湾三期文化石钺。这批石钺分为 A 型的宽扁体斧状石钺和 B 型的长方体铲状石钺两个类型，前后发展又分为三个时期，直线传承。[①] 这批石钺应起源于石质斧、铲类生产工具并与仰韶中期偏晚阶段的灵宝西坡玉钺、阎村缸"鹳鱼石斧图"中的斧钺有一定联系，其形态又为二里头文化石钺所继承，是伊洛地区早期文明发展的重要标志。

二里头文化遗址中的石器

1959 年夏，中国著名考古学家徐旭生在豫西进行"夏墟"调查时，于洛阳盆地东部的偃师区境内发现二里头遗址，其年代约为距今 3800~3500 年，石破天惊般地拉开了中华文明探源工程的序幕。有学者指出，距今 4000 年前后北方的一场洪水给一些区域的人类生存环境带来严重的破坏，导致这些地区早期文明的衰落，而处在我国第一、第二阶梯之间的中原地区的先民与洪水的斗争，促使龙山文化演变为二里头文化。[②]

石器是二里头文化先民重要的生产与生活工具，石料也是当时可获取的重要资源之一。二里头遗址出土石器数量较多，据统计，

① 聂晓雨、李德方:《伊洛地区新石器时代晚期石钺研究》,《三门峡职业技术学院学报》
2022 年第 1 期,第 1~8 页。

② 夏正楷:《我国黄河流域距今 4000 年的史前大洪水》,《中华文明探源工程文集·环境
卷》(1),科学出版社,2009,第 245~264 页。

1959~1978 年出土的部分石器和 1999~2006 年出土的所有石器标本共 1523 件（这个数字也包括了二里岗文化早期的 43 件和晚期 196 件）。[①] 考古学者将二里头文化分为四个时期，观察各类石器的功能、数量、所占比例等数值的变化，可以发现很多有意思的问题。

例如，二里头一期出土石器只有 22 件，到二期时就达到 207 件。其中石质工具大幅增加，收割工具和制作工具最多，挖掘工具和砍伐工具数量其次，还出现了食物加工工具，可以判断当时农业活动频繁。而三期石器的特点是石质武器数量增加，以石镞和石戈为主，有理由猜想这个时期可能存在战争。二里头四期出土石器标本数量为历期之最，达到 731 件，种类丰富并且每一种类石器的数量都较上一期有大幅增加；其中收割工具共 216 件，占比达到 29.5%，包括石刀 90 件、石镰 126 件，反映出农业收获量和农业生产水平均保持稳定。食物加工工具石杵和石臼比上一期多，达到 8 件，说明社会对食物的需求程度比以前要大得多。

值得关注的是，生产废料和使用废料的大量出土，证明从二里头文化二期开始，这里大量生产和使用石器，以满足社会生产和生活需求。调查发现，石器生产过程中，作为制作工具的石器和生产石器的原料、废料在所有出土石器中占比高达 48.8%，这说明当时石器生产是整个生产工具生产和制作中非常重要的部分，反映了社会对石器工具的需求。

二里头文化第四期时，挖掘工具和砍伐工具占有一定比例，

---

① 本节相关结论和具体数字参考中国社会科学院考古研究所编著《二里头考古六十年》，中国社会科学出版社，2019。

数量也较多，例如出土石斧 63 件、石铲 77 件，反映这一时期的
生产规模比以往各期都要大。另外出土了 11 件石钺，远远多于前
三期，其制作精美，技术含量高，且大多都是非实用器。武器数
量也比前三期多，有 23 件，以石镞为主，另有石矛和石戈，其中
石戈是新出现的器型，为后来青铜戈的出现提供了借鉴。在二里
头遗址及其周邻遗址的考古发掘中，出土了一批新石器时代晚期
和二里头文化石钺（图 6）。经初步的类型学考察，可将其分为 A
型宽扁体斧状石钺和 B 型长方体铲状石钺，其早晚连续传承，表
明二里头文化石钺的渊源为伊洛地区新石器晚期石钺。这批石钺
是伊洛地区早期文明发展里程的重要标识。

图 6　二里头遗址出土石器

　　整体来说，二里头文化晚期，农业生产收获量和农业生产水平
均保持稳定，食物加工工具石杵和石臼出土增多，说明社会对食物
的需求程度比以前要大得多。制作工具的数量也有较大增加，类型
更加多样，其中砺石占绝大多数，另有石球、磨制工具、石饼、石

锤和石拍、钻具等工具。同时原料和生产废料的数量也有大幅增加，达到 132 件，占比 18%。从石器生产的角度考虑，制作工具、生产原料和废料均与石器生产有关，如果综合考虑，占比高达近40%。因而可以看出，在二里头文化四期，石器生产仍是整个社会生产中非常重要的部分，而且主要是在二里头遗址内部完成的，这在一定程度上反映出了当时的社会需求。

二里头遗址包含的文化遗存上至距今 5000 年左右的仰韶文化和龙山文化，下至东周、东汉时期，正是华夏王朝形成的时期。通过长达六十年的考古工作，一座精心规划、庞大有序、史无前例的王朝大都呈现在世人面前。此遗址被认为是都邑性遗址，兴盛时期的年代为公元前 21 世纪至公元前 16 世纪，是迄今为止可确认的中国最早的王国都城遗址。虽然目前关于二里头遗址究竟是夏代都城还是商代早期城邑的争论依然存在，但不少学者倾向于这里就是夏朝都城遗址。目前所知中国最早的青铜容器在二里头出现，为接下来的青铜时代埋下了伏笔。

文字与原始刻画符号

许慎的《说文解字序》说"文者，物象之本"，意思是文字的本质是用来象征自然界的各种事物的。文字的演变过程曲折复杂，其间存在大量空白缺失，我们至今无法完全厘清其发展脉络。但有一点可以肯定，无论是古埃及文字、楔形文字、玛雅文字或是其他文字，几乎所有文字的源头都是刻画符号。

河洛地区石刻的源流也要追溯到刻画符号，只不过刻画符号的

载体多样，包括龟壳、岩壁、石头、陶器、青铜器等，不同时期各
有侧重。早在距今 8000 年前，嵩山东麓山前岗地的裴李岗人就已
脱离了"刀耕火种"的原始状态，进入最早期的锄耕农业文明。发
达的农业开启了新石器时代的纪元，诸多遗址内都出土有石铲、石
斧、石镰、石磨盘、石磨棒等农业生产工具。贾湖裴李岗文化遗址
出土了成组随葬的龟甲，龟甲内装有石子，表面带有契刻符号（图
7）。中国古代盛行龟占的习俗，即将龟壳作为占卜的工具，《淮南
子·说林》解释这种习俗的原因是"必问吉凶于龟者，以其历岁久
矣"。[1] 商代的文字之所以能够保留下来，也是由于用于占卜的文
字是刻在龟甲上的。

图 7 裴李岗出土带契刻符号的龟甲

---

[1] 蔡运章：《远古刻画符号与中国文字的起源》，《中原文物》2001年第4期，第30~42页。

二里头遗址发现于 1959 年，在田野发掘开始不久，考古工作者就在二里头陶器上发现了一些刻画符号（图 8）。1965 年的《河南偃师二里头遗址发掘简报》中记述道："刻划记号共发现有二十四种，皆属晚期，其中绝大多数皆刻在大口尊的内口沿上。这些记号的用意，我们现在还不知道，或许是一种原始文字，值得我们进一步地加以探讨。"[①]1999 年中国社会科学院考古研究所编著的大型发掘报告《偃师二里头》出版，公布了 1959~1978 年的全部发掘资料，其中包括陶器上的刻画符号，称"发现的刻划符号，主要出自大口尊的口沿内侧和其他器内的口部，有粗细不同的竖线、十字形、交叉形、簇形、树枝形等，有的近似象形文字"[②]，为进一步研究这些符号奠定了基础。

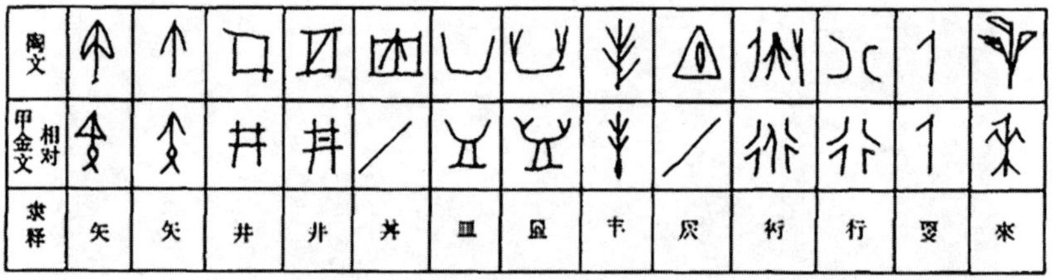

图 8　二里头出土部分陶文隶释表

目前为止，二里头文化遗迹中出现的一些符号和抽象化的图案，虽然我们还不能明确判断其为承载语言的图像或符号，但可以明显感知它们的出现并非偶然，而是先民们有意识制造出来的刻画

---

① 中国科学院考古研究所洛阳发掘队：《河南偃师二里头遗址发掘简报》，《考古》1965 年第 5 期。

② 中国社会科学院考古研究所编著《偃师二里头：1959 年~1978 年考古发掘报告》，中国大百科全书出版社，1999。

符号。学者也指出，二里头陶文并非中国最早的文字或者汉字源头，因为尽管这些陶文比甲骨文更为原始，但它的结构仍然比较复杂，不仅有独体的象形字，而且有复合的会意字。根据汉字自身的发展规律，复合会意字的产生要晚于独体的象形字，另外，二里头陶文繁简并存，而文字产生之初多象形，笔画多，其后为了方便，才开始简化。① 在二里头陶文出现之前，中国文字已经走过了一段路，汉字的源头应当更早。

没有文字的时代，人们难以记录语言，更遑论交流和记录思想，所以文明进展缓慢。而文字一旦出现，一切就都不同了。甲骨文是迄今为止发现的最早的汉字，形成如此成熟的文字需要极其漫长的演变过程，所以不少古文字学家认为，文字的出现远在夏以前。例如，在山东发现的存五行十一个字的"龙山陶文"，绝对年代达到距今 4000 年前左右。尽管部分学者认为已经可以称之为文字并进行释读，但这种提法尚未获得学界公认，我们还是只能将这类"文字画"称为文字雏形。

这些符号和图案（有时被称为"文字画"）还需进一步发展才能演变为比较成熟的文字。甲骨文的发现让商朝成为信史，而正因为缺乏文字的佐证，关于夏王朝是否存在、二里头是否为都城斟鄩遗址的争议才始终存在。

最近，由王巍与赵辉两位首席专家领衔的中华文明探源工程研究提出，进入文明社会的标准，一是生产发展，人口增加，出现城市；二是社会分工，阶层分化，出现阶级；三是出现王权和国家。

① 曹定云：《夏代文字求证——二里头文化陶文考》，《考古》2004 年第 12 期，第 76~83 页。

概括起来就是中华文明形成的新"三要素"：城市、阶级、王权和国家，以取代考古学诞生以来世界学界公认的"冶金术、文字和城市""三要素"认定标准。但二里头出土符号是否为汉字的原始雏形，与甲骨文或金文存在什么关联、演变过程如何等将始终是今后研究的焦点。

在中国的史书和神话中，文字是由黄帝的史官仓颉创造的。传说仓颉所造的字也称"仓颉鸟书迹"，此称源于《说文解字》序："黄帝之史仓颉，见鸟兽蹄远之迹，知分理之可相别异也，初造书契。"[1] 然而历代不少学者怀疑世所传 28 字"仓颉书"是后人伪托，无足凭信。也有学者反驳伪造说，根据 28 字中的有些字与甲骨文几乎相同或相似，认为仓颉书 28 字为黄帝史官仓颉所造，并做了考释。[2]

关于仓颉造字的文献记录中，《淮南子·本经训》中的"昔者仓颉作书而天雨粟，鬼夜哭"流传最广。天象异常、百鬼齐哭的场景何等可怖，即便是神话故事，我们亦可体会其震撼。文字使人类由蒙昧正式向文明迈进，古代先民就是用这样的描述来显现文字出现对世间生活的巨大冲击。

以我们的常识来看，文字自然不可能由一人所造。最早记录仓颉造字的《荀子·解蔽》记载"好书者众矣，而仓颉独传者，壹也"[3]。关于这句话文末的那个"壹也"，有人认为是"整理、统一"

---

① （汉）许慎：《说文解字》点校本，中华书局，2020，第 492 页。
② 张崇琛：《黄帝战胜年代炎帝及蚩尤的纪功之辞——〈仓颉书〉试释》，《甘肃社会科学》2012 年第 3 期，第 55~61 页。
③ （清）王先谦：《荀子集解》卷十五《解蔽篇第二十一》，中华书局，1988，第 401 页。

的意思，还有人上升到"仓颉对于文字发生、创新及演变机理和文字使用的社会性原则的正确认识和把握"①的高度，如果通读全篇、联系上下文就应该很容易发现这里的"壹"就是"专一"，荀子的主张很明确，即"专注于一个方面，心无二用"。而这句话的前半句，无论理解为"善于写字的人很多，只有仓颉一个人的名声流传了下来"，还是"存在着多种文字系统，只有仓颉的流传了下来"，都表明当时的文字不是短期内由一个人独创的。正如鲁迅在《汉文字史纲要》中指出，文字应该是历经许多年代、许多人手才逐渐形成的，而仓颉则是对古文字整理总结做出了独特贡献的代表性人物。

文字的产生之所即文明的存在之处。可能是出于对文字的崇拜，全国存在多处被认为可能是仓颉造字的地方。纬书《河图》是最早记载仓颉造字地点的文献资料，曰："仓颉为帝南巡狩，登阳虚之山，临于玄扈洛汭，灵龟负书，丹甲青文以授之。"②《水经注》云："洛水又东至阳虚山，合玄扈之水。"③有人据此认为"玄扈洛汭"在今洛阳市洛宁县罗岭乡元扈山南麓玄扈河与洛河交汇的洛河转弯处，当地也有不少相关传说，人们认为今洛宁县兴华镇阳峪河东侧的半山腰处有"仓颉造字台"遗址。

事实上，根据古代语焉不详的零星文字来考证某个具体方位几乎不可能，所以这些地方的仓颉造字相关遗址都只能看作各地的一

---

① 陈英杰：《关于仓颉整理、统一文字说的重新检讨》，《中国文字研究》2010 年第 13 期，第 153~159 页。
② （宋）乐史：《太平寰宇记》卷一百四十一，中华书局，2007，第 2739 页。
③ （北魏）郦道元著，陈桥驿校证《水经注校证》，中华书局，2007，第 363 页。

种文化现象或相关习俗。不过，我们还是可以说，无论是仓颉还是文字起源，都与河洛地区以及该地区自古以来的刻画行为有密切关联。

古代石刻的制作

现代汉语的"铭刻"是典型的并列结构词语，但在古代"铭"与"刻"还是有区别的，通常说"勒石铭金"，"勒"即"刻"。既有作为动作行为的"铭金"与"刻石"，也有表示事物名称的"金铭"与"石刻"，"金铭"是以青铜为主的金属器物，"石刻"就是本书的主要研究对象。

石刻最本质的定义就是以石为材料雕刻而成的物品。从广义上说，雕刻在石材上的图案、纹饰、文字、造型都属于石刻。由于古代石刻应用十分广泛，内容与形式丰富，考古文物学者与文献学者对石刻的分类看法不尽相同。有人根据外部形态大致对石刻的分类定名为碑、摩崖、墓志、造像等，也有人根据功能将石刻分为文字石刻、艺术石刻、建筑石刻等。这些分类的定义并不严格，一直以来并没有完全统一的标准，古代同一种铭刻有时会被不同时期的传统金石学者冠以不同的名称。以赵超为代表的当代研究者提出了先将具有文字铭刻的石刻划分为"专用文字石刻"与"附属文字石刻"两大部分，再将石刻的外部形制作为分类的第一标准，根据表述内容、用途、铭文文体等方面差异做进一步的分类。[1]

---

[1]　赵超:《中国古代石刻概论》（增订本），中华书局，2019，第14~15页。

　　本书不对石刻的分类定名进行严格清晰的规范，更关注石刻带有的丰富文化信息，探寻其表达或体现的当时的思想与风尚。各种石刻名目不同，其文化身份与功能也各异，有作为生活实用器具存在的石刻，更多的是作为礼器存在，以文字铭刻为主，也包括造型石雕、石刻画像等。一件石刻的完成需要经过多重工序，各个工序都离不开人的创造与参与。在古代，完成石刻并不是件容易的事，石刻形成的过程通常需要不同文化身份的人参与其中。掌权者、财富占有者、文人、匠人、有强烈诉求者等，众多参与者让各种文化因素发挥作用，从这个意义上来说，一件石刻的完成体现出当时的小文化环境，而需举国之力完成的大型石刻工程，更是从各个方面反映整个国家和时代的大文化环境。

　　文字铭刻的制作，至少必须经过撰文、书丹、勒石三道大工序，是个复杂的过程。以刊刻石碑为例，主要工序包括"选料、打磨、刷墨、烫蜡、钩字、过朱、锤定、挂胶、镌刻、拓帖"等项①，对技术有一定要求。刻工需要利用自己的技艺，将文本或者图案、造型转移到石材上。

　　撰文是石刻内容的文本，不同石刻的文本形态也大相径庭。叶昌炽等传统金石学者曾经将石刻文本仔细地分门别类，数量多达四十二类。普通人没有那么精细，通常将石刻文本粗分为墓碑、摩崖、墓志、刻经、造像、画像、题名题字等。专业研究者再将每一类下面继续细分，如墓碑一项，其下又可列出墓碣、墓幢、塔铭、纪德碑等诸多名目。

---

① 陈光铭、张富强：《北京最后的碑刻世家：让岁月凝固在石头上》，《北京青年报》2006 年 3 月 6 日。

将写好的文本变成石刻，首先需要用朱砂直接将文字书写在石上（主要是碑石，摩崖石刻、铁器铭刻等硬材料也需要，偶尔也有直接使用黑墨来书写的例子）以便镌刻，术语称为书丹。之所以使用朱砂，主要是因为石材的底色各异，很多都偏暗偏黑，用颜色鲜艳的朱砂书写便于区分，能让刻工镌刻时更容易看清楚字迹字形。另外，直接用墨在光滑的石板上书写会出现墨汁流淌、笔画收缩等问题，一般认为使用朱砂书写则能够较为准确地再现书写痕迹。

不少书丹之人为知名的书法家。关于书丹的文献记录与河洛古代石刻息息相关，特别是早期关于"书丹"的历史记录几乎都发生在洛阳。东汉在洛阳太学立起数十面石经碑刻，《后汉书》记录了蔡邕书丹刻碑的经过："熹平四年，……奏求正定六经文字，灵帝许之，邕乃自书丹于碑，使工镌刻。"[①] 这是最早的关于"书丹"的明确记录。

比起在竹简、木牍、丝帛或者纸张上书写，书丹面临的问题不仅有材料质地、形状问题，还有位置问题导致的不能以习惯的姿态进行书写。南朝刘义庆的笔记体小说《世说新语》以精炼的笔法记录了这样一件逸事：

> 韦仲将能书。魏明帝起殿，欲安榜，使仲将登梯题之。既下，头鬓皓然。因敕儿孙："勿复学书。"[②]

---

① （南朝宋）范晔：《后汉书》卷六十下《蔡邕列传》，中华书局，1965，第1990页。

② （南朝宋）刘义庆著，（南朝梁）刘孝标注《世说新语笺疏》，中华书局，2007，第842页。

讲的是韦诞（字仲将，178~253）擅长书法，魏明帝时筑凌云台，高二十五丈。修成后，榜（相当于匾额）已先钉于上，尚未题写台名，因此令韦诞站在高处题写。下面观看的人都心惊胆战，因过于紧张和用力，韦诞写完下来时竟然须发皆白，他也因此吩咐子孙不要再习练书法。

韦诞原本为武都太守，因为擅长写字被留补侍中，后升为光禄大夫、司徒，《四体书势》称"魏氏宝器铭题，皆诞书也"，可见他的书法成就在当时受到认可，在器物上书丹是他的日常工作。也正因如此，他的书法作品能够随器物一起传诸后世，梁武帝萧衍称韦诞的书法："如龙威虎振，剑拔弩张。"

总之，韦诞的名字常与"书丹"连在一起，南宋姜夔在《续书谱》特意将"书丹"单列一条进行论述，也提及韦诞：

> 笔得墨则瘦，得朱则肥。故书丹尤以瘦为奇，而圆熟美润常有余，燥劲老古常不足，朱使然也。欲刻者不失真，未有若书丹者。然书时盘簿，不无少劳。韦仲将升高书凌云台榜，下则须发已白。[①]

写下"二十四桥仍在，波心荡、冷月无声"的姜夔，因诗词闻名，而其书法造诣却鲜为人所知。《续书谱》是姜夔仿效孙过庭的《书谱》而作的书法论著，有很多独特心得，被视为南宋书论中成就最高、影响最大的著作。他认为笔蘸墨写字容易瘦，蘸朱砂写字

---

① （唐）孙过庭，（宋）姜夔：《书谱·续书谱》，浙江人民美术出版社，2012，第147页。

容易肥，所以书丹时圆润易、清瘦难，因而被嫌弃不够苍劲，其实这都是蘸朱砂写字的必然效果；要使刻手不失原来笔意，再没有比书丹更可靠的了。

书丹方便镌刻，按照常规，丹漆书写的痕迹经过镌刻之后本应消失殆尽，只有那些由于一些意外原因而未刻竣的石刻，才会留下书丹的痕迹。清代洛阳出土的曹魏时期的《王基残碑》（亦称《王基断碑》）即为著名的例子，它使后人得以窥见墓碑写本即书丹的样子。这块三国时代的石碑因未刻全即被废入土，发掘出来时尚残留丹漆痕迹。

本籍为洛阳偃师的清代金石学家武亿记录："碑石出土，仅刻其半。士人传云，下截朱字隐然，惜无人辨识，付之镌工，遽磨拭以没，今存者凡得三百七十字，姓名俱不见。"[1] 碑中一些文字朱书未刻但清晰可读，可惜当时未加保护，朱字不久便磨灭了。

虽然书丹在石刻完成后几乎没有任何存在感，却是石刻制作中不可或缺的一环。启功认为，古代碑志，在元代以前都是在石上"书丹"，大约到元代才出现和刻帖方法一样的写在纸上，摹在石上，再加刊刻的办法。[2] 也有学者考证不用直接在石材上书丹的方式出现得更早，宋代就已出现了先写在纸上再刻石的方法，例如马子云在《碑的概说与碑、帖之分》中提到："惟唐集王字的碑，是钩勒上石的。到宋代以后，大都是先写在纸上，再钩勒上石而刻之。"[3] 笔者也认为，既然南宋的姜夔特别强调书丹者的辛苦不易，还提及韦诞的典故，说明很可能南宋已经逐渐开始不必非要直接

---

① （清）武亿著，高敏、袁祖亮校点《授堂金石跋》，中州古籍出版社，1993，第43页。

② 启功：《启功书法丛论》，文物出版社，2003，第82页。

③ 马子云：《碑的概说与碑、帖之分》，《故宫博物院院刊》1982年第1期。

在石材上书写，出现了可以先在纸上书写再拓到石材上的技术。

石刻是众人接力、共同完成的作品。无论是直接在石材上书丹，还是先写于纸上再拓至石材之上，都需要石匠、刻工、拓工等众多人士参与。正式雕刻之前，还需要根据石刻的功能、目的、预算等选取材料。石材的形状、大小、特点、质量等关系着石刻呈现出来的效果、保存时间的长短以及保存状态，这期间还涉及工具、采石、运输、切割等繁杂的问题。

最终呈现出来的结果，虽然书法的风格特征主要取决于书丹者，但石材状况、刻工工艺的优劣等也直接影响效果。明代学者赵灵均指出："名帖易存，名石难得。非出于书家手勒，非名帖也，非出于精工手刻，非名石也。"[①]

在古代，石刻工程无论大小，都是一个复杂的过程，选取石材，运输以及加工、雕刻、安装的人员，场地等都是要考虑的因素。由于缺少具体记录，我们还不能完全了解早期石刻制作的过程和全貌，只能从遗迹及片段文字中获取一些信息。但有一点是可以肯定的，那就是古人早就意识到石刻的纪念性，其意在传之久远，对于石刻的态度一直是郑重有加的。

　　躬修子道，竭家所有。选择名石，南山之阳。擢取妙好，色无斑黄……良匠卫改，雕文刻画，罗列成行。撼聘技巧，委蛇有章。垂示后嗣，万世不忘。[②]

① （清）倪涛编《六艺之一录》卷一百六十六，浙江人民美术出版社，2015。
② 蒋英炬、吴文祺：《汉代武氏墓群石刻研究》（修订本），人民美术出版社，2014，第47页。

　　武梁碑已佚，根据《隶释》著录的碑文，我们可以知道这块汉碑的主人武梁官至从事，是汉代刺史的佐吏，学识广博，"兼通河洛诸子传记"。以上引用部分，本意是称赞武梁子孙的孝道，不惜散尽家产选取最好的石头、最好的工匠来造墓碑，从中也可窥见从开山采石到设计雕刻的古代石刻制作具体过程。第一步是采石，"选择名石，南山之阳。擢取妙好，色无斑黄"，说明需要多方考察方能获取优质石材；"良匠卫改"说明雕刻要求工匠责任到人，镌刻自己的名字，物勒工名以保证质量；"雕文刻画，罗列成行。……委蛇有章"，则让我们知道，文字、画像等在雕刻前先要布置排列好，先有设计规划，然后才具体施工。

图9　东汉石辟邪

河南密县打虎亭 1 号墓的墓道填土中发现 80 多块画像石构件残块，表明建筑这座墓的石材可能是在墓地加工的。另外，现藏山东博物馆的一对石狮子残件，石狮项后题记"雒阳中东门外刘汉所作石狮子一双"，为我们提供了非常宝贵的汉代石刻工匠的信息。

关于石刻的制作，涉及本尊（要宣传、纪念的人物，如墓主、佛陀等），提供资助、推动建设方（如墓主家属、供养人等），实际行动、实施制作方（撰文书丹者、工匠等）。第三方中的工匠往往很少留下姓名，史书也无记录，常被忽视。近来出现《石刻考工录》等研究，现代学者在讨论石刻文化时开始重视以往被忽略的"石工的地位"，认为除了时尚和地域习惯外，"影响到碑刻、画像的最后形式和成品的，还有实际执行制作的石工、石师，或画师。石工或画师一方面有自己的职业传统，一方面须要符合造墓者的要求。石工、画师并不一定完全听命行事，没有自己创作发挥的空间。一些有名的师傅，各方争相礼聘，不但有可能自主创作，甚至可能带动流行。我们在解读画像资料时，不能不将这些因素放在脑海之中"①。

人类利用、使用石头的历史太过漫长。从这个意义上，或许可以说石刻文化是早于其他任何文化的、人类生活中最原初的文化。当然，最早期的石刻行为可能只是出于天性和本能，还不能称之为真正的文化。随着二里头时代的到来，在最早的华夏文明和华夏王朝形成的过程中，真正的石刻文化也逐渐形成。大量考古遗存证

---

① 邢义田：《汉碑、汉画和石工的关系》，《故宫文物月刊》1996 年第 4 期，第 44~59 页。

明，到汉代时，石作手工业迎来第一个发展高峰，从选材、开采，到最后的消费，已经形成了完整的产业链，并且奠定了我国古代石作手工业的基础。[①]

了解石刻背后从开山采石，到书丹以及雕刻加工的制作生产过程，有助于我们认识古代石刻的流通、传播及影响，从根本上理解河洛地区古代石刻的文化记忆。

---

① 杨爱国：《汉代画像石产业链研究》，《考古与文物》2023年第1期，第75~84页。

第三章

二里头玉石礼器：华夏王朝的最初记忆

　　二里头遗址随 20 世纪 50 年代学界对"夏墟"的探寻而进入大众视野，得名于其所在地偃师翟镇乡二里头村。在被正式作为重要历史遗址保护性发掘之前，这里和中国其他的乡村一样平淡无奇，普通到几乎找不出任何亮点。它的东北方向 6 公里处有偃师商城，西边 5 公里处是声名显赫的汉魏洛阳故城，再往西 17 公里便是更为著名的隋唐洛阳城。二里头跻身于这片已经"热闹"得略显疲惫的土地上，在一众"皇居"、"王城"甚至"神都"的陪衬下，很长一段时期都低调得不为人知。但随着发掘范围的扩大，宫殿区、墓葬区、青铜冶炼铸造区、绿松石制造作坊以及纵横交错的道路一一显露，这座古老都邑的真容越来越多地呈现在世间，震动了学术界。曾经负责二里头考古的学者这样定位这个遗址："作为世界几大原生文明发祥地之一的东亚大陆，只是到了二里头时代，才正式拥有了可以与其他文明古国相提并论的文明实体。二里头文化与后来的商周文明一道，构成华夏早期文明的主流，确立了以礼乐文化为根本的华夏文明的基本特质。因此可以说，二里头时代的出现在中华文明发展史上具有划时代的历史意义。"①

当这片看似普通的黄土地有可能与中华文明起源存在直接关联时，二里头终于开始受到社会与世人的关注。"华夏第一王都""东亚最早的广域王权国家""最早的中国"等名号接踵而至，让原本乡土气息浓重的名称似乎也有了一种深藏不露的质朴，甚至还隐隐透出一种睥睨王气。这也非常符合斯图尔特·霍尔（Stuart Hall）"任何文化符号的意义都只有在特定的表征系统里可见并发生效用"的文化理论。石头本是平凡的物质，打磨刻画也是寻常行为，当它们出现在二里头这个"中央之邦"就意味着它们不再普通，已经开始承载华夏文明的文化记忆。

二里头都邑与二里头文化涉及中华文明起源、夏商分界等问题，是国内外学界和公众长期关注的焦点。经过数代考古人的接力式发掘研究，二里头王都规划、宫廷礼制、社会结构、精神信仰、官营手工业、城市民生等，越来越多的侧面展示在世人面前。上一章"河洛地区石刻源流"中介绍了作为生产工具的二里头石器，从那些石器中虽然也能看到人类生活和生产方式的变迁，但以原始的功能属性为主，承载的文化意义有限。本章从文化记忆的视角再次审视二里头遗址中的石器，它们陪着人类经过史前的漫长时代，终于在河洛大地上见证华夏文明从幽幽微光到大放异彩。河洛地区石刻，特别是古代石刻，具有历史真实性、风貌相对完整性和文化延续性，对其进行考察分析，能够让我们在把握各个时代石刻发展变化大致脉络的基础上，寻找到华夏文化记忆。

① 许宏：《最早的中国》，科学出版社，2009，第15页。

开启青铜时代

青铜的诞生是人类文明史的一个重要节点，因为这种合金本是世上从未有过的物质，距今大约5000年前人类第一次合成出青铜。人类的古代史有不同的阶段划分，最有影响力的是19世纪丹麦学者汤姆森提出的根据历史上各阶段生产工具材质变化的划分法，即石器时代、青铜时代和铁器时代。在此基础上，英国学者将石器时代又细分为旧石器时代和新石器时代，这一著名的时代划分法至今仍为学界广泛采用。

在"夏商周断代工程"开展期间以及之前的意见中，以邹衡为代表的学者认为，位于河洛盆地中心的偃师二里头遗址中的第一至第四期或第一至第三期属于夏代。2005年以后"系列拟合"测年数据将二里头遗址的年代限定在公元前1750年至公元前1500年，引发了部分学者关于"河南二里头文化遗址究竟是夏都还是商都"的争论。[1] 在尚未发现共时性文字的情况下，可以暂且不急于下定论，只谈目前学术界已达成的共识，即无论是"晚期夏都"还是"早期商都"，二里头遗址是迄今发现的东亚最早的具有广域王权的王都。

从时间上来说早于二里头遗址的龙山、良渚，以及更早的河姆

---

[1] 关于夏王朝的年代范围，一般认为是距今约4000年至3600年，其中距约3600年为夏朝与商朝的分界。根据文献记载，夏朝都城有过多次迁徙，政治中心也随之转移。关于夏的兴起及不同时期的王都所在地，学者持有不同看法，与二里头遗址地望关系较为密切的有斟鄩、伊洛、洛汭等古代地名。

渡、大汶口、仰韶等遗址和文化都已灿若星辰，各有特色。比如黄河中下游的仰韶遗址中彩陶已相当发达；陕北的石峁遗址是一处宏大的石砌城址；分布于东南地区的良渚文化玉器发达，也出现了丝绸，但至此还完全没有青铜器的痕迹。

有学者提出，某些地区在从石器时代向青铜时代转化的过程中，还存在"铜石并用"的过渡阶段。例如，严文明等认为仰韶时代后期至龙山时代，已有零星的小件铜工具、装饰品等的出现，因而可以称为中国的铜石并用时代，因为这个阶段的合金铸造技术比较原始，铜器尚未发挥较大社会作用，特别是铜器尚不具有权力身份标志物的意义，所以还未达到完全进入青铜时代的程度。二里头文化之所以在众多史前文化中地位独特，就在于它综合了当时中原及周边地区诸多先进文化因素，许多全新的改变自此而始。

其中最重要的一项便是青铜器物的制造和使用与之前的时代相比有了重大突破。首先是考古成果表明，在距今3700年左右的二里头时代，我们的先祖开始对外来的青铜冶铸技术进行创新并且学会了用复杂的模范来铸造青铜器。根据目前掌握的证据，二里头是当时唯一使用复杂合范技术的文明，青铜冶铸技术超越同时代的世界其他地区。

《中国考古学·夏商卷》对二里头文化中的青铜冶铸业进行了总结，认为二里头文化时期出现了大型专业青铜作坊与青铜器工业中心。二里头遗址的青铜作坊规模相当大，延续时间长。迄今的发现，主要限于与铸造有关的设施和遗物。用于浇铸的作坊、可能用于烘烤陶范的陶窑、预热陶范的房子，展现出铸铜工艺设施的专门化。由多块内、外范拼合而铸造的青铜器的出现，在中国古代金属铸造工艺史上是一个飞跃。[①]

接着是青铜礼器的初创。青铜酒器出现于二里头文化晚期，最先制作的是仿陶器的小型酒器爵，后来又出现了温酒用的器具。在二里头遗址墓葬群中，发现了作为统治阶级身份地位标志和象征的以酒器为中心的礼器群，这是目前发现的中国最早的青铜器礼器群。许宏认为："这些最新问世的祭祀与宫廷礼仪用青铜酒器、乐器，仪仗用青铜武器，以及传统的玉礼器，构成独具中国特色的青铜礼乐文明。它不同于以工具武器和装饰品为主的其他青铜文明，显现了以礼制立国的中原王朝的特质。"[②] 由此可见，此时的人群开始有了金字塔式的等级划分，社会关系迈向复杂化，这是先进文明具有的特征。

二里头遗址出土的铜器数量不多，除了鼎以外，大多为酒器。尽管二里头青铜器在工艺、形制上完全无法与商周时代成熟的青铜器相提并论，但由于上述两点，可以说二里头文化为接下来灿烂的商周青铜文明的形成奠定了技术基础，青铜时代就此缓缓开启。

物质上的变革总是与历史剧变相随，悠长缓慢地持续了数千年的新石器时代即将进入激荡人心的新时代。据学者考证，史前时期大型聚落的人口一般不超过5000人，与二里头同时期的普通聚落人口一般不超过1000人，而当时二里头都邑的人口应在20000人以上。人口如此高度集中于中心聚落（都邑）及周边的现象在东亚

---

① 中国社会科学院考古研究所编著《中国考古学·夏商卷》，中国社会科学出版社，2003。

② 许宏：《最早的中国》，科学出版社，2009，第108~110页。

地区尚属首见。人口的增长是社会复杂化与国家出现的重要契机，人群的生活方式、社会组织也随之发生了巨大变化。人与人之间从无差别的平等关系，发展出金字塔式的等级差异，这种不平等的产生，正是文化产生与发展的体现。青铜器的大量生产与使用并不能代替石头，相反，石刻文化的发展也加快了脚步，并从一个侧面反映出社会的文明成熟度。

在缺乏信史的时代，石刻（对石头的加工制作也属于广义上的原始石刻）很大程度上提供了替代文字的信息。例如，"绿松石"就是史前研究的一个关键词。自从在贾湖遗址发现大量绿松石装饰品以来，在黄河流域、辽河流域与长江流域的很多新石器时代遗址也都发现了数量不等、形制各异的绿松石制品，尤其在黄河流域更为普遍。[1] 但它在手工业领域开铸铜与绿松石加工作坊之先河的二里头遗址具有特殊意义。

绿松石虽然也出现在其他遗址中，但都没有发现与绿松石制作相关的遗物。而根据《二里头：1999~2006》报告，仅在二里头 VH290 一处，就出土包括绿松石原石、废料、半成品、石核等总计 3990 件。其他各处还发现砺石、绿松石加工工具、毛坯等，制作残留遗物共计 282 件，以及与加工场所有关的数座小型房屋。

学者秦小丽根据对绿松石制作加工关联遗物的分析，将二里头遗址绿松石作坊生产的产品分为管珠类装饰品和镶嵌用的绿松石两大类，称二里头遗址为"绿松石制品的集大成者"。着重指出二里头遗址的绿松石从矿源开采、原材料运送，到作坊管理和制作技术

---

[1]　庞小霞：《中国出土的新石器时代绿松石器研究》，《考古学报》2014 年第 2 期，第139~168 页。

应该均在王朝体系的控制之下，因而其产品的流通也应该是控制体系中的一环。这使得绿松石饰品成为当时上层社会交流圈的一种重要物品，因此对二里头文化绿松石生产与流通的研究，也是了解这一时期上层阶级与整个社会以及周边地区诸文化交流关系的重要方面。[①]

"石"与"玉"

与体现平等、没有差异的原始社会迥然不同，等级制度是礼乐制度的核心，也是儒家思想的基础，周公制礼作乐就是为了更明确地体现社会成员间的不平等和特定阶级的特权。事实上，文明是逐渐积累的，礼乐制度的创立绝非一人之功，而是差别产生之后，从"发现不同"到"强化差别"，最终在"拉大差距""固化分层"的过程中逐渐形成的。就是在这样逐渐产生了等级名分的人间社会背景下，石头也不再是笼统的石头，开始有了区分，出现等级——部分石头因为某些特质从普通石头中脱颖而出，被称为"玉石"。

玉石常被看作具有神性的灵物，这或许与早期玉石的使用有关。中国最早的玉器可以上溯到公元前6000多年前的东北兴隆洼文化，随着公元前3000年左右社会复杂化程度的加深，在东亚大陆多个史前文化中，先是出现了在祭祀活动中用作神灵替代物的"祭玉"，在国家产生后的宫廷礼仪中，玉器又作为社交礼仪中的"礼玉"而受到特别的重视。良渚时代因其琳琅满目的玉器而出名，

---

① 秦小丽：《二里头文化时期绿松石饰品的生产与流通》，《中原文物》2022年第2期，第64~74页。

不少考古学家主张中国青铜时代以前应该还存在着一个可以称为
"玉石时代"的时期。

二里头遗址发掘了30余座墓葬，共出土玉器1200余件，有玉
柄形器、玉璋、玉刀、玉圭等近20种器型，造型和做工非常精美。
其中，玉圭、玉璋等可以明确是作为礼器的，玉钺、玉戈和玉刀等
虽具备兵器和工具的形制，但明显并非实用器，可作仪仗用器，也
具备了礼器的性质。特别是还出现了形制特征鲜明的玉器牙璋（图
10）。二里头文化第四期出土的牙璋被认为是中原地区发现的牙璋
中形制最为复杂、制作工艺水平最高的，据推测可能是夏王朝覆灭
后商汤所作"夏社"时期的遗物。

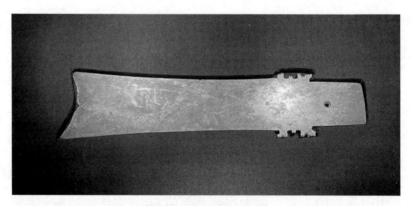

图 10　二里头出土玉牙璋

从中原地区向南，在湖北荆州汪家屋场、四川广汉三星堆等遗
址当中，二里头风格的牙璋频频出现，呈现一种大范围、跨地域的
传播姿态。学者们据此认为，中原二里头文化向周边广阔地区传播
扩散的路线清晰，表明在当时中华文明形成发展过程中开始出现了
王朝认同、文化认同和礼制认同的格局。

　　"玉"是中国人无比熟悉的词，一提起它，晶莹的手镯、玲珑的玉佩或碧绿的发簪等具体形象就会出现在每个中国人的脑海中。人们喜欢玉石的温润质地，连孔子也说"君子比德于玉"。

　　玉，石之美。有五德：润泽以温，仁之方也；䚡理自外，可以知中，义之方也；其声舒扬，專以远闻，智之方也；不桡而折，勇之方也；锐廉而不技，絜之方也。[1]

　　一向用字精简的许慎，却不惜笔墨对"玉"做了详细解释，五种美德都一一详细列出，正说明了一个问题：究竟怎样算作玉，怎样算作石，古人也不太能分清楚。"石之美"这个标准过于暧昧，全凭内心，只要个人觉得这块石头好看、特别，就可以称之为"玉"。所以在较早的古代，大概有颜色的石头都可以冠上"玉"之名，如"白玉""青玉""墨玉""红玉""碧玉"等等。

　　"石之美"的"玉"，本身成为一个概念模糊的名词，连同与其界限不甚分明的"石"，都带上一些宿命色彩，影响着中国人的思维认识。《红楼梦》之所以被世代中国文人珍爱，与其《石头记》中的假（贾）宝玉"这个精巧的基本设定是分不开的。这个故事的原始框架是：本是有才补天的五彩石，多余剩下便成了无用顽石，被废弃在青埂峰下，控制不了悲情与欲望，化作"大如雀卵，灿若明霞，莹润如酥，五色花纹缠护"的通灵宝玉，被携入世走一遭……顽石与灵通宝玉之间似是而非的关系剪不断，理还乱，正体现了古代"石"与"玉"的辩证关系。

---

① （汉）许慎：《说文解字》点校本，中华书局，2000，第6页。

"玉"从由石头中脱离出来的那一刻起便被赋予了意义，象征功能大于实际功能。正如被誉为文化研究之父的英国学者斯图尔特·霍尔（Stuart Hall，1931—）在《表征——文化表象与意指实践》中指出的那样，文化本身就是一种表意的实践，它的决定性产品就是意义，文化所涉及的便是"共享的意义"。[1]

也就是说，"玉"自诞生之初就与某些抽象的意义产生了关联。或者也可以采取逆向思维的说法：正是因为社会的发展进步需要一个实体来呈现以前没有或者不需要的意义，一些石头因为某种特质被选中了，超越石头成为一种特别的存在，并被赋予"玉"这一新的名称。因此，所谓的"玉"的产生，是文明进步后文化作用于石头的结果。

> 以玉作六器，以礼天地四方。以苍璧礼天，以黄琮礼地，以青圭礼东方，以赤璋礼南方，以白琥礼西方，以玄璜礼北方。[2]

《周礼》中的这段话对不同颜色玉的功能做了区分，清晰体现了即使在青铜制造已高度发达的周王朝，玉石仍在重大场合发挥着礼器作用。举行祭祀、朝聘、宴享等政治、宗教性活动时，使用礼器是社会地位的象征，可以"明贵贱，辨等列"。随着生产力和文化的进一步发展，"玉"完全超越"石"，被赋予神秘色彩以

---

[1] 〔英〕斯图尔特·霍尔编《表征——文化表象与意指实践》，徐亮、陆兴华译，商务印书馆，2003。

[2] （清）孙诒让：《周礼正义》卷三十五《春官·大宗伯》，中华书局，2015，第1674~1676页。

及美好、道德、爱情、权力、忠贞等越来越多的意义，成为确定尊卑长幼等隶属服从关系、区别贵族内部等级的标志物。

经过数千年的沉淀，"玉"成了最具代表性的中国文化符号之一，"玉的象征作用"是文化功能的集中体现；生活中的诸多场景都使用"玉"的习惯成为中国长期以来特有的文化传统。社会对玉和石头的区分越来越细致具体，对玉的要求不再仅仅是一个"美"字，而是有了光泽、质感、形状、纹理等各方面的特质。特别是当玉石的价值直接体现经济价值时，现代社会中进而出现了更为清晰和专业的判定标准，如钙镁硅酸盐含量、钠铝硅酸盐含量、硬度、比重、折射率等更多明确精准的指标。种类方面也产生了更多的具体名称，如和田玉、玛瑙、蛇纹石、独山玉、符山石等。玉石的门类、等级众多，森然有序，最终发展成一门独立于石刻文化的、自成体系的"玉"文化。

绿松石"龙"形器

回到二里头遗址，一种颜色青葱翠绿的石头——绿松石格外引人注目。绿松石是较为珍贵的矿石，曾被世界上多个古代文明地区用作礼仪品，也是古代文化意义上的"玉"，二里头文化第一至第四期都有绿松石的出现，可以说它贯穿了整个二里头文化。

最重要的是，二里头遗址中发现了面积约为1000平方米的专门加工制作绿松石的手工业作坊①，这是国内首次发现如此大规模

---

① 中国社会科学院考古研究所编著《二里头：1999~2006》，文物出版社，2014。

的绿松石手工业作坊。可以推测当时的人们已经懂得利用绿松石的特质（至少是颜色上的区分）来凸显某些特殊权利或身份、地位——动用权威赋予其特殊意义，再利用其特殊意义渲染加强巩固这种权威，形成循环——显然当时的社会结构已初见国家政权的雏形。

　　二里头遗址出土的绿松石器与青铜器一样意义重大，是对二里头文化进行分期和定位的重要依据。绿松石器能成为"玉器"，自然比普通石器高了一个档次，其用途从原始生产工具变为特殊用途的器具（比如用于祭祀、显示权力等），功能从实用转变为装饰、欣赏，身份也发生了从工具到奢侈品，再到礼器的变化。礼器是用来彰显使用者身份地位、权力等级的，古代中国在举行祭祀、宴飨、征伐及丧葬等礼仪活动时都要使用礼器，早期的礼器以玉器为主，二里头时代还出现了青铜礼器，特别是各种镶嵌绿松石的铜牌饰（图 11），一经考古发现便惊艳了世人。

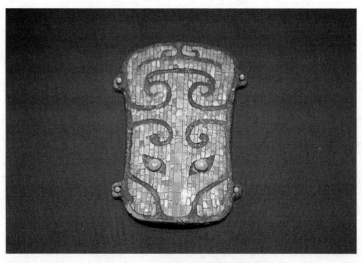

图 11　二里头出土绿松石铜牌饰

那些认定二里头文化是夏文化的主张，除了对 ^{14}C 测年与对古代史料的分析以外，另一个重要依据是二里头遗址中的龙形象遗存。遗址中发现的大量与龙形象相关的遗存，按照呈现载体可以分为青铜器、漆木器、陶器和玉器四类，多出土于墓葬及与祭祀有关的遗迹中。绿松石的铜牌饰被认为是典型的变形龙纹铜牌，例如 V 区 M4 中出土三件绿松石铜牌饰，平面均呈长圆形，似盾，中部呈弧形束腰状，两侧各有二穿孔纽，凸面（正面）上有许多不同形状的绿松石片镶嵌组成的变形"龙"纹，铜牌正面浮雕式的兽面纹用绿松石片镶嵌而成。[1]

此外，还有包括蛇形长龙、双身蛇形龙、多条小龙等各种龙形象的造型，例如陶透底器 92YL Ⅲ H1 上，器壁有菱形纹饰，其上塑出三条小龙，小龙身体呈弯曲状，三角形龙首向上；陶透底器 92YL Ⅲ H2 上雕塑六条小龙，形象生动。[2]

大量"龙"元素的出现成为二里头文化的一大特征，特别是先后发现两件绿松石片粘嵌的龙形器，比龙纹图案更为形象和直观。根据考古调查报告[3]，2002 年在二里头遗址宫殿区一座墓葬（编号 02VM3）中清理出一件龙形器（图 12），它是用 2000 余片各种形状的绿松石片组合而成的，分龙头和龙身两部分。龙头为方形，臣字形双目，龙眼用圆饼形白玉做成，龙鼻用蒜头形绿松石粘嵌，鼻梁和额面中脊用青、白相间的玉柱排列成纵长条形。龙身卷曲呈波

① 中国社会科学院考古研究所二里头工作队：《1981 年河南偃师二里头墓葬发掘简报》，《考古》1984 年第 1 期，第 37~40、99~100 页。

② 中国社会科学院考古研究所编著《二里头陶器集萃》，科学出版社，1995。

③ 中国社会科学院考古研究所二里头工作队：《河南偃师市二里头遗址中心区的考古新发现》，《考古》2005 年第 7 期，第 7~18 页。

状起伏，象征鳞片的绿松石片分布全身。清理时整个龙形器及其近旁发现多处红色漆痕，因而发掘者推测绿松石龙形器与其所依附的有机质物体应该是一体的。

图 12 二里头出土绿松石龙形器

"龙"在中华民族的文化中意义非凡，既是自古以来王者皇权的象征，也是近现代中国人自诩"龙的传人"的身份认同标志。比起人们熟悉的龙形象，二里头的绿松石龙没有那么复杂，继承了龙山及新寨文化时代以鳄和蛇为主体的形象，更接近于蛇。虽然鳞爪飞扬的龙形象在当今传世和出土文物中极为常见，但那已是龙比较成熟的晚期形象。

"夏""龙"都是涉及华夏民族本源、牵动中国人内心的字眼，在疑似夏朝王都的遗址上，实地发现近 4000 年前的中华早期龙形象实物，是何等激动人心，可谓名副其实的"具有历史意义的发现"。如果不是由绿松石制作，这条远古的"龙"是否能保存至今，是否能被顺利发现，都很难说。所以，从这个意义上可知，石头是真正参与并承载了历史和文化记忆的。

笔者曾有幸参加一次讲座，现场聆听二里头考古工作队许宏队长讲解当时的发掘情况，了解到那座贵族墓的年代为二里头文化第二期，墓主为成年男性，年龄30~35岁，这条由绿松石片粘嵌而成的龙形器放置在死者的骨架上，仿佛被揽抱着。许宏非常庆幸工作人员没有在刚开始发现零星绿松石的时候就都将它们挖出来，那样的话最后只能收集到半袋子碎石，就与这条堪称中华最古老的"龙"永远地错过了，他特别感慨地说："刚发现绿松石碎片时，大家都没想到会是龙的形象，只是发掘时留意到绿松石片越来越多且排列特殊，就有意识地保持其原始位置——待到周围都清理干净，所有人全身的汗毛都立起来了！"台下听众也听得惊心动魄，望着一条青龙浮出"土"面时的发掘现场照片，不由自主地热烈鼓掌，共同庆幸："还好，还好，天佑中华！"

李泽厚早就指出中国文化的哲学特征来自原始巫术活动的理性化，认为"此理性化核心是由巫到礼"，"始自鱼龙时代的三皇五帝，完成于周公的制礼作乐"①。因此，极有可能是祭祀礼器的绿松石龙形器，所属墓主的身份地位、龙形器的使用方法、作用与意义等都有待深入研究，研究成果或许对于探索从"巫术仪式"到"礼乐制度"儒学源流也有很大意义。

---

① 李泽厚：《说巫史传统》，上海译文出版社，2012，第1~46页。

“龙”对中华民族的意义

中国真正意义上的当代史记录源自商代中期的殷墟时代，也就是大约 3300 年前甲骨文出现的时代。有了成熟体系的文字才能记录，“史”是会意字，最早出现在甲骨文中，上面是放简策的容器，下面是手，合起来表示掌管文书记录。甲骨文可以证实殷墟时代的历史，但早商以及夏代的历史都是后人追述的，既可能存在一定基本事实，又含有极大的不确定性。

现代人认为龙是传说中的神异动物，但在华夏最早期的传说和记载中，龙似乎是现实生活中实际存在的动物，和人的关系曾经相当密切。《左传》《史记》《山海经》等古文献中有大量关于夏朝与龙的记载，玄幻荒诞中可能也夹杂着变形的事实。例如《史记·天官书》说：“轩辕，黄龙体。”[1]《淮南子·天文训》说：“中央，土也，其帝黄帝，其佐后土，执绳而制四方，其神为镇星，其兽黄龙，其音宫，其日戊己。”[2]《左传》记载了黄河沼泽区域曾经发生龙斗，还在关于昭公的记载中说“古者畜龙，故国有豢龙氏，有御龙氏。……及有夏孔甲，扰于有帝，帝赐之乘龙”[3]，明确说上古时期有专职养龙人，夏代国君孔甲就特别喜欢龙，不少学者据此认为古代的所谓“龙”很可能是一种鳄。

---

① （汉）司马迁：《史记》卷二十七《天官书》，中华书局，1982，第 1299 页。

② （汉）刘安编《淮南鸿烈集解》，中华书局，1989，第 785 页。

③ （清）洪亮吉：《春秋左传诂》，中华书局，1987，第 792 页。

洪水滔天，鲧窃帝之息壤以堙洪水，不待帝命。帝
令祝融杀鲧于羽郊。鲧复生禹，帝乃命禹卒布土，以定
九州。①

这是关于有夏第一代君主大禹的记载，也很扑朔迷离。大意是
大地上洪水滔天，鲧未经同意就偷了天帝的息壤来堵塞洪水，天帝
派祝融把鲧杀死在羽郊，鲧死后生了禹，天帝命令禹治理洪水，禹
最终以土扼制了洪水并划定九州。

大禹父子的治水故事、"三过家门而不入"的典故，是每个中
国人都熟知的，但"鲧复生禹"令人费解，晋代郭璞对此注解为
"鲧死三岁不腐，剖之以吴刀，化为黄龙也"。禹的父亲死后变成
黄龙，意味着大禹是黄龙之子，也就是说，在传说中，夏人是龙的
后代。

夏代与"龙"的渊源不止于此，"禹，虫也"，大禹的名字本
身与龙的关联密切。《说文解字》说："龙，鳞虫之长，能幽能明，
能细能巨，能短能长。春分而登天，秋分而潜渊。"②古时的"长
虫"就是蛇，而鳄、蜥蜴、蛇等爬行动物是与古代龙的特征最为接
近的动物。③总之，以"禹"为名的君王建立的夏朝，自然会呈现
出与"龙"千丝万缕的联系。

将甲骨文中的"龙"（图13第一、二行）、"虫"（图13末行）
两个字与二里头遗址出土的绿松石龙形器的形态相对比，不难发

---

① 冯国超译注《山海经·海内经》，商务印书馆，2009，第 500 页。

② （汉）许慎：《说文解字》点校本，中华书局，2020，第 384 页。

③ 李零：《说龙兼及饕餮纹》，《中国国家博物馆馆刊》2017 年第 3 期，第 53~71 页。

现这两个甲骨文字与龙形器的相似之处。不愧是象形文字,那巨大的头部、波浪状身子和弯曲的尾巴,惟妙惟肖,格外传神,让人不得不赞叹先人创造文字时强烈的表现力。有人认为甲骨文中的"龙"字,就是在"虫"字上面加个"王",寓意"虫中之王为龙",正好对应"龙,鳞虫之长",更引发人们对二里头与夏代关系的联想。

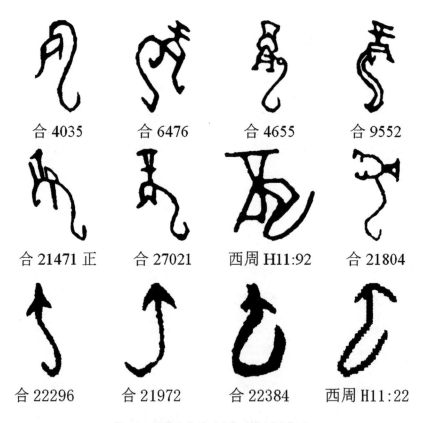

| 合 4035 | 合 6476 | 合 4655 | 合 9552 |

| 合 21471 正 | 合 27021 | 西周 H11:92 | 合 21804 |

| 合 22296 | 合 21972 | 合 22384 | 西周 H11:22 |

图 13　甲骨文中的"龙"字与"虫"字

图14 二里头绿松石龙形器俯视图

人类始祖伏羲、女娲皆龙身人首（或蛇身人首），又被称为"龙祖"，华夏民族的先祖炎帝、黄帝都和"龙"有密切关联。通常被认为是由春秋时期各国史官记录的原始材料整理编辑而成的《国语》（一说是春秋时期左丘明所撰）中记载"昔少典娶于有蟜氏，生黄帝、炎帝。黄帝以姬水成，炎帝以姜水成"①，民间一直有将炎、黄二帝的出生和容貌等与龙相联系的传说。《山海经》中除

---

① （春秋）左丘明：《国语集解·晋语四第十》，中华书局，2002，第336页。

了大量烛龙、龙鱼、应龙、雷神等与龙相关的形象，还有夏代君主乘龙的记录，江陵王家台出土的秦简中也有因夏后启为政不仁而乘龙登天失败的记载。二里头龙形器为我们提供了一个实物线索，龙的形象应该是源于上古先民对自然的敬畏与想象，经过漫长时代和人们的加工创作而越来越具体化和超自然化。

很值得注意的是，从地域上来说，西南距二里头遗址仅约 6 公里就是偃师商城遗址，再往东约 110 公里，是面积更大的郑州商城遗址。这两处遗址经 ^{14}C 测定，基本上处于同一时期，年代大约为距今 3600 年前，略晚于二里头。虽然偃师商城遗址几乎紧挨着二里头遗址，但从出土的遗物来判断，其风格与二里头遗址不同，反而与距离更远的郑州商城遗址更为接近，二者已被确定是商代早期都邑，属于同一文化体系。通常地理距离如此接近的地方很难存在两个不同的强势文化，据此很容易让人联想到夏商之际的朝代更替。

从两个商城遗址中清理出的早商最具代表性的墓葬中，不乏位置和规模都与二里头遗址的高规格墓葬十分接近的墓葬，也都有丰富的随葬品，但是几乎没有龙形遗迹或遗物出土。既不见随葬绿松石龙形器和绿松石铜牌饰，随葬品的礼器组合也与二里头文化完全不同。[1] 可以推断早商时期并无使用龙纹和龙相关造型的习惯，这个现象反映出二里头遗址属于和商城遗址截然不同的考古学文化，有学者将其作为二里头遗址乃夏朝王都的佐证。

对于以绿松石构成的龙纹、石龙等各种龙的相关造型大量出现在二里头遗址，研究者们有不同的具体解读，朱乃诚提出，二里头

---

[1] 袁广阔：《论二里头文化龙崇拜及其对夏商文化分界的意义》，《郑州大学学报》（哲学社会科学版）2022 年第 6 期，第 88~92 页。

遗址墓葬中佩带绿松石龙形器者是当时具有专门技能的人，或许当时确曾有驯养"龙"的专门人才；王青认为墓主即那位使用仪仗性法器镶嵌龙形器的祭司很可能是隆重仪式的主祭，而使用各种小型佩挂式法器镶嵌牌饰的祭司很可能是仪式的辅祭；王震中认为二里头遗址出土器物浓厚的蛇形龙崇拜的文化特征，是很明确的二里头遗址乃夏朝王都的证据。

有学者根据二里头遗址出土的绿松石装饰铜牌、龙形器、陶器残片等，细致复原了各种形态的龙形象的典型代表，认为"夏人的龙应是以鳄鱼的全身（侧视全身龙），或鳄鱼的头部和面部（正视有角龙头），或蟒蛇的全身（俯视全身龙）为蓝本创作出来的"[①]。研究者普遍认同：蛇形龙就是早期龙的形象，二里头文化有浓厚的龙蛇崇拜的迹象；龙形器用于祭祀等重大仪式。

自二里头时代开启青铜时代，青铜器数量在商代大增。但注意观察青铜器表面纹样就会发现，早期商代青铜器普遍使用的纹饰与二里头出土的纹饰迥然不同。商人对龙的信仰有一个接受并发展的过程，龙文化在夏、商之间曾有一个低谷或断裂期，龙纹直到中商阶段（郑州白家庄期）才再次在青铜构件上出现，尤其是殷墟出土的文物中的龙形象，在继承蛇龙、鳄龙等原始龙纹的基础之上，又具有了鸟、象、鹿、马等动物的特点，形象上更趋成熟。[②]

---

① 王青：《二里头遗址出土神灵形象的复原与研究》，载杨晶、蒋卫东执行主编《玉魂国魄：中国古代玉器与传统文化学术讨论会文集》（六），浙江古籍出版社，2010。

② 袁广阔：《龙图腾：考古学视野下中华龙的起源、认同与传承》，《光明日报》2020年12月2日。

古代记载中的龙能隐能显，春分时登天，秋分时潜渊，又能兴云致雨和腾云驾雾，不仅具有神圣力量，还常与帝王一起出现，因此成为权力的象征。皇帝自称"真龙天子"，皇宫使用器物也以龙为装饰，目的都是借助龙的象征意义维持自己神秘至高的形象，以加强政权统治。经过时代变迁，龙的形象又结合了多种动物的特征，成为中国人心目中威力无比的神物。佛教进入中国时，八类护持佛法的守护神中的一类被译为"龙众"，"天龙八部"的概念很快被中原大众广泛接受。近代以来，"龙"成为中华民族的图腾，舞龙、耍龙灯等活动成为中国人的节庆民俗，中国人自称"龙的传人"。

综上所述，最早期的文明是城邑林立、小国寡民的状态，二里头文化在形成过程中广泛吸收各文化因素并加以整合提升，冲破原来各地旧有的血缘性区域文化传统，达成了某种新的具有超越性的意识形态共识，又对周边地区形成强力辐射与影响。考古学视野下，中华龙的起源与演变经过仰韶和龙山时代的发展传承，夏商时期以二里头绿松石龙形器为代表，基本形成了后世龙形象的基本格制。

一些学者把这种超越区域性文化传统的意识形态共识视为以国家为载体的华夏文化正统，认为二里头文化的形成缔造了一种全新的中心聚落与周边新型聚落的关系模式。从二里头文化与其前后及同时期诸考古学文化的关系看，一个凌驾于各区域性文化传统之上的华夏正统和文化大统由此出现并被后续的商周文化所传承、光大。[1]

---

[1] 曹兵武:《二里头文化：华夏正统的缔造者》，《中原文化研究》2021年第6期，第21~26页。

这种华夏正统和文化大统即为"大一统"意识的基础，始终是中华文明的一大特征，龙形象也经历数千年的创造与融合，最终升华为中华民族的精神象征与文化标志。大一统意识与龙形象的演变传承是否有关联，存在什么相互影响，也是今后值得继续关注的课题。

第四章

汉魏石经：华夏文明的儒家底色

　　二里头遗址中出土的绿松石制品，龙形器、铜牌饰等，可以算作广义上的石刻制品，在华夏文明史上意义重大。但绿松石以及其他玉器、宝石毕竟过于珍稀，在数量上完全无法与作为生产和生活工具的石器相提并论。玉器、宝石的出现是为了体现站在巨塔尖上的极少数统治阶级的尊贵，而单独成为另一套文化体系，对文化的反映主要局限在狭小的权贵群体，从中很难窥测中国文化进程的全貌。

　　作为文本的历史固然是由具有重大话语权的人物、政权和阶级书写的，但总是留下一些缝隙，由普通人来填满。石头比木材牢固长久，比青铜廉价且易于加工，所以能够用于上至帝王贵胄的国家工程，下至普罗大众的世俗生活。比起玉石来，普通的石头才是能够最广泛、最真实体现时代文化印记的物质。对当权者的历史和普通人的历史二者的研究不应该对立起来，而应该重视它们之间的互补和配合，从而揭示历史的深度和广度。

包括金石学在内的传统意义上的石刻研究，研究对象只限于石刻文字，或者更为狭义的石碑，重点关注的是文字内容、书法形态等。本书希望在前辈研究成果的基础上，稍稍换一个更为宏观的角度，着重讨论河洛地区古代石刻承载的文化记忆，不仅关注"刻"的内容，也注重"石"作为载体材料的特点，从形成文化记忆的角度去理解那些石刻产生的历史背景、时代风潮、社会影响等，尝试发现留在石头上的过往时代大众思想与生活的印记，梳理隐藏其中的华夏文明发展轨迹。

关于石经

顾名思义，石经是石刻的经籍，虽然也有石刻的《道德经》和佛经，但中国刊刻石经主要是儒家传统，若无特别说明，石经一般指石刻的具有权威性的儒家经典著作。石经是中国古代为统一经学、加强思想统治而形成的经学版本，迄今为止，我国历史上共有七朝大规模刊布了石经，包括东汉熹平石经、魏正始石经、唐开成石经、后蜀广政石经、北宋嘉祐石经、南宋高宗御书石经和清乾隆石经（见表1）。

表1　中国历史上的七次大规模石经刊刻

	名称	刊刻时间、地点	简介
1	东汉石经（熹平石经）	汉灵帝熹平四年（175）始刻于洛阳	隶书刻《易》《书》《诗》《礼》《春秋》《公羊》《论语》，四十六石
2	魏石经（正始石经）	曹魏正始二年（241）始刻于洛阳	古文、篆书、隶书刻《书》《春秋》《左传》，三十五石，又称"三体石经"

续表

	名称	刊刻时间、地点	简介
3	唐石经（开成石经）	唐文宗太和七年（833）始刻于长安	楷书刻《易》《书》《诗》《周礼》《礼记》《春秋左氏传》《春秋公羊传》《春秋穀梁传》《论语》《孝经》《尔雅》以及后附的《九经字样》，一百一十四石，保存较为完好
4	后蜀石经（广政石经）	后蜀孟昶广政元年（938）始刻于成都	楷书刻《易》《书》《诗》《周礼》《仪礼》《礼记》《春秋左氏传》《春秋公羊传》《春秋穀梁传》《论语》《孝经》《尔雅》《孟子》，十三经首次集结，有注文，碑石过千
5	北宋石经（嘉祐石经）	北宋庆历元年（1041）始刻于开封	楷体、篆体刻《易》《书》《诗》《周礼》《礼记》《春秋》《论语》《孝经》《孟子》九经，又称"汴学石经"或"二体石经"
6	南宋石经（高宗御书石经）	南宋绍兴十二年（1142）始刻于临安	楷书、行书刻《易》《诗》《书》《春秋左氏传》《论语》《孟子》，后增刻《礼记》，是南宋高宗皇帝习字所书，其妻续书，约二百石
7	清石经（乾隆石经）	乾隆五十六年（1791）始刻于北京	十三经，一百九十石，是现存儒家石经中保存最为完好的一部

注：大部分石经的实物损毁严重，只有残石遗存，很多相关具体信息，如石碑数量、内容等史上无明确记载，学者研究结论也不尽相同，本表由作者综合现有相关研究、采取目前学界较为普遍的认识制作而成。

石经的本质是石质书本，即用刻石的方法向天下人公布经文的范本。早期石经都与当时的最高教育机构太学并立，可以说是官方认可的、印制在石头上的教科书，目的是最大限度起到公共教育的功能和作用，在教育史上曾经占据重要地位。

从表1中石经的延续年代可见，历代王朝多有刊刻石经的传统，几乎贯穿了两千余年的中国历史。不同年代、不同版本的石经共同构成我国独有的石刻书林。历史上七次大规模刊刻石经，其中熹平石经、正始石经、嘉祐石经都发生在河洛地区，刻经次数几乎占据中国石经的一半。

　　需要说明的是，东晋以后纸张应用的普及大大削弱了石经的实用性功能。五代以后，出现了木版印刷的经书作为法定文本，朝廷以国子监的名义刊发"监本"经书，甚至还有"殿本"经书（即武英殿印本十三经），读书人不需要再到太学去手抄石经。因此，事实上唐之后刊立石经作为教科书的实用性意义逐渐丧失，而是成为王朝显示"文治"或者其他政治意图的一种标榜。如乾隆皇帝刊刻十三经时在诏书中说："自汉、唐、宋以来，皆有石经之刻，所以考定圣贤经传，使文字异同归于一是，……我朝文治光昌，崇儒重道……以副朕尊经右文至意。"①

　　因此，尽管后来的石经刊刻技术更成熟，内容更多，规模也更宏大，影响却日趋微弱，主要起装饰功能。清石经是刊刻字数多达 63 万字的洋洋巨著，在历史、文化影响力上却无法与汉魏时期的石经同日而语。"乾隆石经的入口处，碑林耸立，甚是壮观，入门后，有二石碑横列地上，其一刻'嵩高峻极'，另一刻'功存河洛'"②，也许是为了致敬河洛地区最早的汉魏石经。尤其熹平石经，是中国刻于石碑上最早的官定儒家经本，开创了刊刻石经的先河，在所有石经中影响最大，被皮锡瑞誉为"一代大典"，被王应麟称为"两汉崇儒"之举，在中国思想史上乃至在华夏文明进程中都有重要意义。

　　石经具有公共教育功能，为普通民众提供了宝贵的学习读本。以往的研究多关注其制作过程和教育功能，利用汉魏石经寻找太学

---

① 陈玉兰主编《武义文献丛编·何德润卷·尊圣录》卷二十《文赞二·诏敕三》，中华书局，2019，第 514 页。

② 何广棪：《乾隆石经考述》，《古籍整理研究学刊》2008 年第 1 期，第 7~17 页。

的影迹，本书在此基础上，还尝试从文化记忆的角度，从汉魏石经的建造、存续及毁灭后的余韵中探寻石刻文化对构建华夏身份认同起到的独特作用。

石经刊刻的缘起

中国石刻历史久远，但先秦时代的石刻文字内容有限，包含大量文字信息的石刻始自东汉。东汉立墓碑的习俗继承了先秦、秦汉时期"书于竹帛，镂于金石，琢于盘盂，传遗后世子孙"[①]的传统，沿袭了以刻石颂功德的做法。由于金铜材质的器物渐少，就用石头代替，所以蔡邕在《铭论》里说："物不朽者莫不朽于金石，故碑在宗庙两阶之间，近世以来，咸铭之于碑。"[②]

这个时期涌现出大量碑刻，被称为石刻的第一个发展高潮，熹平石经是这个时代石刻的典型代表。熹平石经是在石上刊刻书本的首创，既是正定经籍的成果，从某种意义上说也是一种以刻于碑石的形式呈现出来的政治景观。最难得的是，关于其刊刻契机和建造过程，史书上有较为详细的记录，从中我们可以发现石经背后存在的政治与意识形态之间的微妙张力。

太学的始创源于西汉董仲舒"太学者，贤士之所关也，教化之本源也"[③]的谏言，到了西汉末年，因为天下纷乱，已经到了礼乐

---

① 吴毓江:《墨子校注》卷四《兼爱下》，中华书局，2006，第178页。
② （清）严可均编《全上古三代秦汉三国六朝文·全后汉文》卷七十四《蔡邕·铭论》，中华书局，1958，第876a页。
③ （汉）班固《汉书》卷五十六《董仲舒传》，中华书局，1962，第2512页。

分崩、典文残落的状态。虽然和汉高祖刘邦一样，东汉开创者光武帝刘秀是马上获得的天下，但作为曾经的太学生，他戎马未歇便先营太学，多次表明自己的政治理念是"吾理天下，亦欲以柔道行之"①。刘秀访雅儒，采求经典阙文，四方学士云集京师，于是立五经博士，各以家法教授。然而各家经文皆凭其所见，并无供传习的官定经本，产生于西汉末年的今古文经之争，也一直延续到东汉。

东汉时代洛阳城南郊是三雍等礼制建筑比较集中的区域，太学也在城南开元门外。这一带礼制建筑完备，祭祀礼仪规范，加之太学讲堂校舍密集，俨然是全国的文化中心。一代文豪苏东坡曾用"学莫盛于东汉"表达对当时洛阳太学的赞叹，充满向往地想象"士数万人，嘘枯吹生，自三公九卿，皆折节下之，三府辟召，常出其口，其取士论政，可谓近古"②的场景。

官方的重视让儒学大兴，也加剧了儒家经学中存在今古文之间的对立，今文经学与古文经学的门户之见日益加深。"盖自东汉初至熹平间，已历百余年，博士讲经，各以家法教授，受业者展转传写，年深月久，流弊滋生"③，儒家内部各派因师承不同，对儒家经典的解说不一，造成章句歧异，不同师门和家族对同一经典的传承也存在差异，产生正统之争。

为了解决矛盾、平息纷争，更是出于对思想统一调控的目的，东汉王朝采取了不少措施。例如建初四年（79），汉章帝亲自主持，召集各地著名儒生于洛阳白虎观讨论五经异同，讨论结果后来

① （南朝宋）范晔：《后汉书》卷一下《光武帝纪下》，中华书局，1965，第68~69页。
② （宋）苏轼：《苏轼文集》卷十一《南安军之学记》，中华书局，1986，第373~374页。
③ 马衡：《汉石经集存》，上海书店出版社，2014，第1页。

由班固整理成书，名为《白虎通德论》，或简称为《白虎通》《白虎通义》，通过"共正经义"统一了经学的统治思想，对今古文经采取了兼收"博存"的方针。另外，作为文献典藏之地的东汉兰台，不仅藏书，还增加了经典文献校对、制定文字标准的功能。兰台令史将儒家经典以漆书书写，藏于兰台，作为国家认定的权威版本。

由于当时儒生应博士试，名列前茅者可以做官，经书的章句歧异不仅凸显了今古文经学的对立，还直接关系着儒者的切身利益，博士考试亦常因文字异同引起争端。《后汉书·宦者列传》所记："诸博士试甲乙科，争弟高下，更相告言，至有行赂定兰台漆书经字，以合其私文者。"①

兰台漆书算是当时的一种国家标准，为了让自己所教习的版本成为正统，竟然有人不惜"行赂定兰台漆书经字"。私自修改国家标准是重罪，却仍有人敢于冒险，一方面说明当时学风虽盛，实质上已经浮华堕落，另一方面也显示儒学经典章句不完全统一的问题已经成为某些社会矛盾的源头。千年后的陆游，在某个下雨的日子整理旧书，还不忘感慨："区区朴学老自信，要与万卷归林庐。尔来世俗喜变古，凿空饰诈无根株。愀然抚几三太息，力薄抱恨何由祛。兰台漆书非己责，且为签縢除蠹鱼。"②

儒家经典教材不统一造成的乱象成为社会问题，天下的读书人需要有可以公开查看的教材范本。大规模地在石头上刊刻经书并公

---

① （南朝宋）范晔：《后汉书》卷七十八《宦者列传》，中华书局，1965，第 2533 页。

② （宋）陆游：《陆游全集校注·剑南诗稿校注》卷十二《雨后极凉料简箧中旧书有感》，浙江古籍出版社，2015。

布于众，是一种创举，或许也是当时社会生产力条件下能够实行的最有效的方法。史书上很多人物和事件都涉及熹平石经修建的前因后果和制作过程。回顾这项国家工程的诸多细节，可以看到政治力量对文化和历史的塑造作用。

邕以经籍去圣久远，文字多谬，俗儒穿凿，疑误后学，熹平四年，乃与五官中郎将堂溪典、光禄大夫杨赐、谏议大夫马日䃅、议郎张驯、韩说、太史令单飏等，奏求正定《六经》文字。灵帝许之，邕乃自书丹于碑，使工镌刻立于太学门外。于是后儒晚学，咸取正焉。及碑始立，其观视及摹写者，车乘日千余两，填塞街陌。①

时宦者济阴丁肃、下邳徐衍、南阳郭耽、汝阳李巡、北海赵祐等五人称为清忠，皆在里巷，不争威权。巡以为诸博士试甲乙科，争弟高下，更相告言，至有行赂定兰台漆书经字，以合其私文者，乃白帝，与诸儒共刻《五经》文于石，于是诏蔡邕等正其文字。自后《五经》一定，争者用息。②

自是游学增盛，至三万余生。然章句渐疏，而多以浮华相尚，儒者之风盖衰矣。党人既诛，其高名善士多坐流废，后遂至忿争，更相言告。亦有私行金货，定兰台漆书经字，以合其私文。熹平四年，灵帝乃诏诸儒正定《五经》，刊于石碑，

① （南朝宋）范晔：《后汉书》卷六十下《蔡邕列传下》，中华书局，1965，第1990页。
② （南朝宋）范晔：《后汉书》卷七十八《宦者列传》，中华书局，1965，第2533页。

为古文、篆、隶三体书法以相参检，树之学门，使天下咸取则焉。①

　　同是出于《后汉书》的这几段记载，最常被后世用来作为研究熹平石经的基本史料。几段话互相印证，大致可以确定熹平石经的基本情况，但在具体细节上稍稍体现出差异。比如关于建造熹平石经的提案，《蔡邕列传》说是蔡邕和其他几位官员共同上书提出的，要求正定六经文字；《宦者列传》则说是宦官李巡向皇帝陈述博士考试乱象才促成的。这些说法并不是前后矛盾，而是从不同角度、不同层面记述了这段历史，放在一起考证有助于我们了解熹平石经建立的整个过程以及前因后果，尝试从对中国集体记忆塑造的角度考察石刻文化。

熹平石经的政治意图

　　熹平石经（图 15）是东汉时期尊崇儒学、古文经学发达、碑刻盛行等历史因素的结晶。表面上设立熹平石经的目的非常明确——统一儒家经典的章句，但在当时的社会条件下，一口气制造四十六座巨大石碑整齐地树立在太学旁边，必然是一项体现国家统治阶层意志的大工程。换言之，这些石碑还无声地发挥着统领整合知识分子意识形态的作用。

　　汉武帝"罢黜百家、独尊儒术"的初衷就是出于儒学中有可资

① （南朝宋）范晔：《后汉书》卷七十九上《儒林列传上》，中华书局，1965，第 2547 页。

图 15　熹平石经残石

统治者利用的内容，借助儒学为其专制统治服务。被称为"儒教政权"的东汉建立伊始就在洛阳修建礼制建筑、兴建太学等，表现出对儒学的极大热情，而这种"热情"的背后是"掌控权"。早在白虎观召集群儒讨论儒家经义章句时，皇帝亲自参与并做出最终裁决，就表明了这不是文化人士个人探求学问的私事，而是把书本字句的裁定上升到国家大事的高度、当作教育方针问题来对待的。所以，以整理太学章句为初衷而召集的白虎观会议，最终成果《白虎通义》已经完全超越章句之学，对儒家经义进行了系统的梳理，构建了一套"三纲六纪"的纲常体系，显然是一部体现皇权意志的钦定经学总论，体现了王朝对教育的严格管控。

班固在《两都赋》中通过对比，盛赞东都洛阳的礼仪制度之美，认为东都崇尚礼制道德，君王的行为是"必临之以王制、考之以风雅"，一切都有法可依；百姓面貌是"嗜欲之源灭，廉耻之心生，莫不优游而自得，玉润而金声"，充满积极而和谐的氛围；社会现状是"四海之内、学校如林、庠序盈门"，充满文化气息。在东汉立国仅数十年的时间就形成如此浓厚的、近乎理想的儒学氛围，除了可能是文人较为夸张的文笔效果之外，也体现出汉廷试图通过不断加强教化来巩固皇权的政治意图。

被称为"儒教王朝"的东汉，同大多数专制政权的一样，随着政权的稳固，王朝初期的务实固本之风开始向浮华奢侈转变。思想家王符敏锐地发现东汉中后期兴起攀比奢靡之风，一股轻视农业、追逐浮利的风气在京城兴起，他忧心不已地指出："今察洛阳，浮末者十于农夫，虚伪游手者十于浮末。"[1] 正如张衡在《东京赋》中用"京邑翼翼，四方所视"来形容洛阳，京城是四方的风向标，这股风气很快从京师向四周播散，整个王朝的社会世风都走向浮奢。学风也受到波及，很多儒生不再只是单纯地埋头于书本，社会情势变得愈发复杂。

通过王国维先生《汉魏博士考》《汉魏博士题名考》等的考证可知，博士之职虽为教授五经，课试弟子以补充官僚，但本身亦参与政事，也可迁擢他官，故为名儒厕身士大夫行列的途径之一。东汉提倡儒学，《后汉书》记载："汝南谢廉，河南赵建，年始十二，各能通

---

① （汉）王符著，（清）汪继培笺，彭铎校正《潜夫论笺校正》，中华书局，1985，第120页。

经，雄并奏拜童子郎。"[1] "（臧）洪年十五，以父功拜童子郎，知名太学。"[2] 对此，李贤特意解释："汉法，孝廉试经者拜为郎。洪以年幼才俊，故拜童子郎也。"这说明东汉王朝有一批年少成名的儒生早早入仕，十几岁即入朝做官。这些人很快成为天下读书人的楷模和羡慕的对象，引发众多儒生负书来学，云集京师。榜样的力量让太学生的数量一度多达三万人，数万士人嘘枯吹生的景象，引起后世文豪苏东坡的神往。

通过儒生的身份被朝廷征拜或通过策试、进入仕途是绝大多数太学生的目标和梦想，张旭华在研究九品中正制时指出，汉末名士清议之风的兴起在很大程度上左右了乡间舆论，影响到士大夫的仕途进退，还对后来的九品中正制产生了重要影响。[3] 既然聚集品评时事人物可以博得高名、影响王朝选官，士人们陷入"激扬名声"的风潮中不可自拔。虽然太学生尚未进入仕途，还没有实权，但受到社会风气影响，儒生们也热衷于和在野士人一起匹夫抗愤、处士横议，享受挥斥方遒、指点江山的感觉。

他们以天下为己任，"互相题拂，品核公卿，裁量执政"蔚然成风，给统治阶层造成很大压力。东汉王朝中后期原本就存在皇帝年幼、外戚与宦官互相牵制的问题，陈寅恪曾将东汉末年的统治阶层划分为内廷阉宦和外廷士大夫两大类，前者多为非儒家之寒族，后者大抵出身儒家士族。儒生士人们汇聚在一起，是一股足以让朝廷心生忌惮的力量。掌权者非常警惕这股力量，担心读书人一旦失去掌控就极有可能成为不利于专制统治的因素。

---

[1] （南朝宋）范晔：《后汉书》卷六十一《左周黄列传》，中华书局，1965，第 2021 页。

[2] （南朝宋）范晔：《后汉书》卷五十八《虞傅盖臧列传》，中华书局，1965，第 1885 页。

[3] 张旭华：《九品中正制研究》，中华书局，2015，第 64 页。

终于，士人清议之风愈演愈烈，"危言深论，不隐豪强。自公卿以下，莫不畏其贬议，屣履到门"①。理想主义的太学儒生们深入参与品评朝政，甚至介入朝廷官员与外戚、宦官的斗争，出现了朱穆案②、皇甫规案③等社会影响很大的事件。这些事件，大都是太学生纠集数百甚至数千名学生到皇宫门口直接向皇帝集体上书，迫使朝廷接受他们的意见。

客观地说，太学生们的行为确实有仗义执言、重振朝纲的理想主义成分，大多数学子是怀着高尚的仁义之心与宦官恶势力斗争的。然而，人性复杂，群体中也不乏哗众取宠、想借机出位之辈。不成熟的青年人聚在一起热血澎湃，很容易被煽动利用，一些人的激越行为，给儒生的整体形象和行动带来菲薄妄议、博取声名的印象，造成负面影响。

对时政的关注和参与，已经让当时的太学师生无法凝神静心地专注于学问本身，时人发出"今京师英雄四集，志士交结之秋，虽务经学，守之何固"④的疑问。于是很多人不再专心务学，而是热衷结党论政，参与国事，清议之风盛行。这让樊准这样真正的儒者痛心，针对这种现象，他向朝廷上疏，指斥太学中的不良风气："今学者盖少，远方尤甚，博士倚席不讲，儒者竞论浮丽，忘謇謇

---

① （南朝宋）范晔：《后汉书》卷六十七《党锢列传》，中华书局，1965，第2186页。

② 汉桓帝时冀州籍宦官赵忠父亲去世，违反礼制用玉衣下葬。朱穆派人挖出尸体并将赵忠亲属下狱。为报复，赵忠进谗言将朱穆下狱，并判令其去服苦役。太学生刘陶纠集了数千名学生前往皇宫为朱穆讼冤，汉桓帝释放朱穆。

③ 凉州名将皇甫规为平定关中羌乱立有大功，理应封侯，但因为不愿向宦官行贿而被诬陷谎报军功。皇甫规被下狱。太学生张风带领数百人来到皇宫门口向皇帝上书，汉桓帝释放皇甫规。

④ （南朝宋）范晔：《后汉书》卷七十六《循吏列传》，中华书局，1965，第2481页。

之忠，习诐诐之辞。"①

京城的舆论被以太学儒生为主的读书人左右，他们推崇的"天下模楷李元礼（李膺），不畏强御陈仲举（陈蕃），天下俊秀王叔茂（王畅）"等人成为士林领袖，甚至可以对现实中的政治走向直接产生影响。不少青年人，尤其是太学生争慕其风，沉浸在幻想中，以为学问将兴，处士复用。只有极少数头脑清醒的人意识到读书人汇聚干预朝政向来是历代王朝大忌，对这种风潮十分警觉。一个叫申屠蟠的太学生就曾哀叹："昔战国之世，处士横议，列国之王，至为拥彗先驱，卒有坑儒烧书之祸，今之谓矣。"②他认为读书人聚在一起议论朝纲必然导致统治阶级对他们的清洗和镇压，秦始皇焚书坑儒就是最著名的先例。

然而狂热的风潮一经形成便会裹挟着所有人前行，个别人的警示很难力挽狂澜，清醒的申屠蟠只好隐居起来独善其身。不久以后，宦官教人上书告发李膺等人，罪名是"养太学游士，交结诸郡生徒，更相驱驰，共为部党，诽讪朝廷，疑乱风俗"③。洛阳城里聚众清议国政的士人都被扣上结党营私的罪名。

东汉王朝的朝廷本身就存在乱象，宦官与外戚的问题牵涉太广，盘根错节，皇帝维持表面的平衡就已不容易，哪一方都不敢得罪。相比之下，所谓"清流"的士人集团势力较弱，何况朝廷对于儒生介入朝政早已心怀不满，这次终于找到了机会，"于是天子震怒，班下郡国，逮捕党人"，"党锢之祸"由此而起。

① （南朝宋）范晔：《后汉书》卷三十二《樊宏阴识列传》，中华书局，1965，第1126页。

② （南朝宋）范晔：《后汉书》卷五十三《申屠蟠列传》，中华书局，1965，第1752页。

③ （南朝宋）范晔：《后汉书》卷六十七《党锢列传》，中华书局，1965，第2187页。

这批士人的本意是帮助朝廷整顿朝纲，清肃天下，可惜宦官与外戚势不两立的斗争放大了知识分子与朝廷的矛盾，使他们成为牺牲品。党锢之祸席卷全国，发展到惨烈的程度，最终演变成引发东汉王朝崩塌、天下大乱的导火索。

所谓"党锢"，就是以"党人"的罪名"免官禁锢"，相当于士人终身不得做官。虽然涉及宦官与外戚斗争的"党锢之祸"表面以宦官集团的胜利告终，但其本质也是太学生与统治阶层之间的冲突不断加深，朝廷感受到了知识分子对政权的威胁而采取的措施。东汉朝廷一直在试图加强对太学的控制，使用残酷手段对所谓"党人"进行镇压，首先从根本上断绝儒生通过品评时事、参政议政的途径。

如果说这样的禁锢打击是一种简单粗暴的"堵"，那么还需要一种更为高级的"疏"的方法来彻底解决这个问题——熹平石经就是作为"羁縻"的一种策略应运而生的。建造熹平石经是东汉王朝试图解除知识分子对王权威胁的一种"疏"的手段，对后世中国人的思想和文化影响深远。

熹平石经的儒学意义

历史上的宦官总是被贴上很多标签，但作为最接近权力中心的一类人，宦官也曾极大地影响中华文明进程，例如东汉时期改进造纸术的蔡伦。东汉和帝时期，蔡伦在洛阳宫中借鉴前人制造丝织品的经验，造出了适合书写的植物纤维纸，对整个世界的文化传播普及产生了不可小觑的影响。但直到东晋末期，纸的使用才完全普及并传至周边各国，东汉的经书大多还是写于简牍和帛书上，主要靠口授手抄等方式流传。经书在传抄过程中出现文字谬误在所难免，为了显示自家经书的正统性或者自圆其说，甚至出现了经师行贿、以家学更改官方所藏文本的现象，因此整理经典文本成为当时的客观需求。

前文所引的《后汉书》中关于刊刻石经的几条记载，有说蔡邕等儒者官员上书奏请，也有说宦官中的有识之士向皇帝进言，哪个在先并不重要，同时进行也未可知，关键是统一经学文本、杜绝随意篡改弊端在当时已成为当务之急。而当时正值碑刻盛行之时，便有了将典籍刻于石碑上作为儒学经书标准版本的做法。

经典是儒学的立身之本，只有统一和确定了经典文本内容，所有儒者才能在此基础上讨论学习，否则各个学派与世家按照各自的文本各说各话，根本没有对话的基础，必然生出流弊。换句话说，通过西汉及东汉王朝的前期努力，当时的天下已经建立起了一套能够为政权提供服务的儒学体制，但是还没有一套与之配套的全国统一的教科书，熹平石经正是充当了官方钦定教科书的角色，成为中国第一部官定石刻经本。

设立石经的程序规格很高，由朝廷出面组织，汉灵帝亲自批准，确定内容、书写刊刻、树立地点、后期维护等，每一步都郑重其事地精心设计，体现了朝廷对这项文化事业的高度重视，我们从石经的很多细节中可以看到这一点。首先是刊刻的内容。之前东汉已通过白虎观会议等，借助最高统治者皇帝的亲自参与，大致统一了今文经学和古文经学，为刊刻熹平石经奠定了学术基础。

前文所列《后汉书》的各引文中，存在的最大差异，即蔡邕上疏奏求正定的是《六经》，而《宦官列传》和《儒林列传》记载的都是正定《五经》。此外，《隋书·经籍志》甚至还有"后汉镌刻七经，著于石碑，皆蔡邕所书"①的记载。熹平石经所刻内容究竟是几部经书一度成为后世学者探讨的问题。

现代人提起儒学，必然是和"四书五经"这个词连在一起的。其中，"四书"（《大学》《中庸》《论语》《孟子》）之名产生得较晚，始于南宋朱熹，而"五经"（《诗经》《尚书》《礼记》《周易》《春秋》）早在汉武帝时就已确定，是历代儒生研学的核心。虽然"五经"的提法更为普遍，但在更早的战国时代，"五经"通常是和《乐经》共同称为"六经"的，只不过由于《乐经》的缺失，"六经"才变为"五经"。

据王国维考证："汉石经经数，当为《易》《书》《诗》《礼》《春秋》五经并《公羊》《论语》二传，故汉时谓之五经，或谓之六经，《隋志》谓之七经（《诗》《书》《易》《礼》《春秋》《公羊传》和《论语》七种）。"②目前地下出土的石经残石，已经验证了这个说法。马衡做了更进一步的解释："数五经者，不数《公羊》《论语》二传；数六经者，以《公羊传》合于《春秋》；数七经者，举其全数。要之，皆是也。"③因此，基本可以判定，关于熹平石经的记载中所谓的"五经""六经""七经"并非记录有误，而是说法不同，各有渊源。

---

① （唐）魏徵等：《隋书》卷三十二《经籍志》，中华书局，1973，第947页。
② 王国维著，黄爱梅点校《王国维手定观堂集林》，浙江教育出版社，2014，第391~402页。
③ 马衡：《汉石经集存》，上海书店出版社，2014，第1页。

这次石经刊刻援引《论语》入经，某种意义上构成新的"六经"（"五经"加上《论语》）系统是非常值得关注的一个点。汉末是汉晋之际学风之变的关键时期，《论语》的引入既受到时势推动，亦展现主导石经营造的诸儒自身之态度立场，即熹平石经系统特有的经学观。有学者认为这种态度立场的核心是：在今文官学五经系统及其言说方式崩解后，一部分今文学者一方面借鉴古文经学的长处，以"尚通"来消解家法壁垒；另一方面，在阐释方式上以清议来替换"论难"，使得"学"不坠地，可对"政"再次施加影响力。从一定意义上来说，这是一种对经学正统的争夺。①

虽然确定刊刻五经，但正定文字是一项大任务。当时立于学官的儒家经典多达十四家：《易》有施、孟、梁丘、京氏四家；《书》有欧阳、大小夏侯三家；《诗》有鲁、齐、韩三家；《礼》有大小戴二家；《春秋》有严、颜二家。各家家法不同，文字也有差异。蔡邕带领一班学者，对汉代通行的经书文本进行参验比勘后，择善而从，最终决定《易》为梁丘、《书》为欧阳、《诗》为鲁诗、《礼》为大戴、《春秋》为颜氏，在此基础上敲定文字内容。值得一提的是，蔡邕等人从各家中选取一家确定经书的标准文字，对其他各家也并不是一弃了之，而是非常慎重地在石经的最后附上校后记，选择重要部分进行补充说明，备列学官所立诸家异同，这些细节也体现了当时学者对学问的尊重和严谨。

制造石经的初衷源于封建王朝以儒教立国的政治方针，石经承

① 王刚：《文本与政治：熹平石经〈论语〉研究发微》，《华中国学》2018 年第 1 期，第 19~38 页。

载着被王朝奉为正统的儒家意识形态。可以说大规模刊刻熹平石经以达到整顿太学学风、控制太学的策略是成功的。"自后《五经》一定，争者用息"，说明整理统一儒家经典文本刻于石碑，结束了一些章句不统一带来的纷争，对纠正俗儒穿凿附会、臆造别字，维护文字的统一起了积极作用。

熹平石经对儒生的影响

虽然之后的王朝也数次刊刻石经，但后世石经对儒生的震慑力和影响力都远不及开创先河的熹平石经。其中受多种因素影响，既有时代原因，也是东汉王朝从各个方面不遗余力造势和引导的结果。

比如，石经文字内容确定之后，朝廷对外宣称由东汉最负盛名的文学家、书法家蔡邕亲自笔蘸朱砂，用当时的八分书（标准隶书）在碑石上书写。事实上，熹平石经的字数超过二十万字，很多学者已经考证，以蔡邕一人之力根本无法完成所有经书的书写工作。必然需要更多书家如马日磾等，乃至需要一个书写团队来完成这项任务。官方有意识忽略其他人而强调蔡邕亲自书丹，意在借助蔡邕在文坛的地位渲染熹平石经独一无二的权威性。

然后由工匠依照文字精心镌刻完成，立碑地点也经过精心设计——立于洛阳城南开阳门外，那是太学和礼制建筑最集中的地方，相当于今天的大学城、文教区。具体位置在现有记载中略有出入，有太学讲堂前和太学门外两种说法。

虽然《后汉书》卷六十下《蔡邕列传》注引《洛阳记》称"太

学在洛城南开阳门外，讲堂长十丈，广二丈。堂前石经四部"[①]，但更多记录指向太学门外。如《后汉书》卷七十九上《儒林列传》颜师古注引谢承书曰："碑立太学门外，瓦屋覆之，四面栏障，开门于南，河南郡设吏卒视之。"[②] 结合设立石经的目的是"树之学门，使天下咸取则焉""后儒晚学、咸取正焉"来看，很多学者认为立碑地点在太学门外比太学讲堂前更合理，前者可以让天下读书人都能看到，便于他们随时对照确认。

熹平石经的制作开始于东汉熹平四年（174），至光和六年（183），历时九年才完成。刻石四十六碑，每经碑石骈罗相接，蔚为壮观。自从石经建起，前来观摩抄写的人络绎不绝，确实达到了公示、宣传和广泛传播的效果。所谓"每天来的车超过千辆、填满街头巷末"的文辞有夸大之嫌，但儒者学生挤在碑前细看章句、揣摩学习的盛况应为事实。

为了维持这种盛况，朝廷并非建好石经就万事大吉了，而是继续做了不少后续工作。官方特意在石经外围建起瓦屋保护碑刻，以免风吹日晒磨损了碑体字迹，还在四周设置栏障，只在南面开设大门。

最值得关注的是在太学门外配置负责官员和兵卒守卫，为了保护石经而专门"设吏卒视之"。这一举措，一方面应该是人多易于混乱，为了维持交通秩序等，便于大家有序观看学习；另一方面，是确保石经碑体的安全，防止有人刻意破坏或篡改字句。同时，我

---

① （南朝宋）范晔：《后汉书》卷六十下《蔡邕列传下》，中华书局，1965，第1990页。

② （南朝宋）范晔：《后汉书》卷七十九上《儒林列传上》，中华书局，1965，第2547~2548页。

们也可以推断，这些官员和兵卒还有监视作用，他们紧紧盯着的不仅是石经本身，还有来观看石经的读书人。

立于太学门口的石经，无论是太学生还是太学以外的其他读书人，他们的言行举动都被观察甚至有可能被记录在案，这种情况下还有多少人敢高谈阔论、肆意评判时事呢？更不要说激扬文字、指名道姓地品评权贵官员了。而且太学门口"设吏卒视之"相当于有武装力量，可以起到震慑作用，可以想象以往因对某些人物或案件不满，动辄聚集数百上千的太学生直接到皇宫向皇帝请愿的情形，在石经建立以后应该很难再发生了。所以这看似是保护石经的举措，背后却是朝廷对知识分子言论和群体行动的管控，借助官刻石经及后续措施，达到对读书人"清议以及干预朝政之风"的遏制。

东汉王朝利用熹平石经对知识分子进行意识形态的控制，不仅有以上这些表面上的强制性管控措施，还有更深层次的政治考量，那就是通过刊刻石经强化太学的考试功能。

与西汉主要通过军功取士的传统不同，东汉选拔官员更偏重于"文"。作为国家最高学府的太学，不仅是传授知识的地方，它更重要的功能是为王朝的官僚集团提供人才。有机会进入太学学习的主要是贵族、官员子弟，也有优秀的地方士人和寒门子弟。东汉很多官僚都是经过在太学的学习而被推荐为官的，太学也成为读书人进入官僚系统的通道，因此太学的考核异常严格并且十分重要。正因为考核是涉及考生入仕的人生重要节点，才会出现有人不惜行贿更改兰台文本的铤而走险行为。不少太学生把学问放在一边，热衷于跟风议论时事、参与朝政，也是因为通过选拔考试之路的竞争太激烈，他们才想另辟捷径，希望通过结交位高权重者获得举荐步入朝堂。

将文字刻在石头上公示天下，是以往帝王宣誓权威或者展示功绩才会用的手段，如秦始皇的石刻。但那些石刻多立于山崖、海边之类的自然环境中，文字内容也简短精练，基本上占一块巨石（石碑）足以。然而熹平石经刊刻所有儒家基本教义，洋洋二十多万字，包含的文字数量与信息含量都是以往石刻所不能比拟的。可以想象一下，在生产力不发达、缺少高大建筑的近两千年前，数十面厚重巨大的石碑，带着密密麻麻的文字，整齐伫立在都城门外的交通要道上，是一幅何等震撼的情景。

大气端庄的八分隶书法，深深嵌入冷硬高大的石头，儒生们所熟知的经典字句铺天盖地地包围过来，他们需要反复仰视搜寻才能从中寻到自己要找的文字章句。当众人在吏卒的视线下小心翼翼地流连其间时，很容易在不知不觉中就已臣服于一种无形的权威，甚至分不太清这种压迫感到底是来自皇权的威慑，还是对学海无涯的慨叹。

熹平石经的刊刻体现了王朝既要镇压又要拉拢读书人的政策导向。东汉太学自156年已经建立起考试制度，原本就有"不求考生能够胜见迭出，而是要求严守师说，不得有所发挥"[1]的传统，而"严守师说"意味着服从权威、不得僭越，旨在限制个人的自由解读和发挥。"党锢之祸"前，士人和学子激越高扬的行事风格激化了宦官与外戚的矛盾，也彰显出朝廷与士林的矛盾。经过"党锢之祸"的教训，朝廷基本切断了儒生通过品评时事、参政议政的途径，让寻章摘句的文字考核实质上成为儒生走上仕途的唯一途径。

由当朝高官和权威大家全程高调参与儒学经典的校订和制作，

---

[1] 吴涛：《"熹平石经"与东汉政府对太学控制的加强》，《河南科技大学学报》（社会科学版）2020年第6期，第93~97页。

相当于对天下读书人公布了不容置疑的学问基准。经书内容铭刻于石头意味着内容已定、不接受任何改变，因此学习的人只需要在全盘接受的基础上背诵、理解和应用。朝廷把考核选拔官员的指挥棒指向了熹平石经，明确了太学的考试将主要围绕经典文本而不是经义展开。

这相当于变相告知天下读书人，若要求得功名和官职，只能将精力放在对经典文本的学习上，避免他们以经义为依据关注现实政治。同时对原先一直存在的经学古文、今文两派之争也表明了态度，即支持更关注经典文本研究的古文经学。事实表明，今文经学的衰落也恰在熹平石经建成之后。

熹平石经虽然是沉默的石头，却不动声色地给年轻的读书人上了一课，消磨他们积极参与现实政治的热忱，让大多数人以中庸代替激进，从纵论时事、以天下为己任的理想主义中退回现实，回归到"两耳不闻窗外事，一心只读圣贤书"的明哲保身状态。大部分儒生的关注点从时事转向学术，并且接受统治阶级划定的规则与框架，失去了先前稍有不平就据理力争、奋起抗争的意气风发。

这也成为之后近两千年中国知识分子最基本的集体特质之一。自诩以"柔"治天下的东汉王朝，重视"文治"大于"武功"，通过设立熹平石经实现了严格管控知识分子的政治目的。同时也带来负面影响，那就是在东汉政府的严格控制之下，太学完全按照朝廷需要培养人才，儒学逐渐走向僵化，学术难有创新。

历尽劫难的汉魏石经

熹平石经所立之时已是东汉末年，外戚与宦官的斗争导致政治混乱，两次党锢之祸导致大批士人官僚受到株连，动摇了社会根基。熹平石经完全建成的第二年，旱灾造成一些地区颗粒无收，豫州一带因饥荒大量死人，随即爆发黄巾起义——中国历史上规模最大的一次以宗教形式组织的农民起义。虽然黄巾起义在九个月后就被镇压，风雨飘摇的东汉王朝却受到沉重的打击，从此一蹶不振。

"汉世乱而不亡，百余年间，数公之力也"[1]，后世认为东汉中后期政权得以维持是一些清正士人的功劳，痛惜"党锢之祸"中士人受到打击。然而，最为讽刺的是，正式公开为"党锢之祸"中的士人平反的竟然是趁乱占据洛阳的董卓。董卓被公认为毁掉东汉百年基业的罪魁祸首，他祸乱朝政，胡作非为，于165年一把大火烧掉了王朝苦心经营、礼制建筑林立的都城洛阳。这样的行为应该是那些清流士人所痛心疾首、不能原谅的。历史就是这样复杂多元，每个人物也是立体多变的，所以久居洛阳、看惯了这一幕的白居易才会写下："周公恐惧流言后，王莽谦恭未篡时。向使当初身便死，一生真伪复谁知。"[2]

《三国演义》第六回中对这场浩劫的描述是："焚烧宫室，劫迁天子，海内震动，不知所归，此天亡之时也。"洛阳城的毁灭让奄奄一息的东汉王朝遭到致命一击，天下大乱、三国纷争的序幕就此拉开，洛阳城南开阳门外的太学也难逃厄运。

昔日"内外讲堂、诸生横巷"的盛况变成了残垣断壁、一片废墟，此时距石经完全刻成才过去七年时间。但遭遇此劫也凸显出以石为载体记录信息的独特优势，那就是，竹简、丝帛、纸张、木板

① （南朝宋）范晔：《后汉书》卷六十六《陈王列传》，中华书局，1965，第2171页。
② （唐）白居易：《白居易集》卷十五《放言五首》，中华书局，1979，第319页。

等那个时代几乎所有的材料都在烈火中灰飞烟灭，铭刻经书的石碑虽然也在大火中遭到损坏，但主体还是保留了下来了。

太学建筑被付之一炬，莘莘学子也逃散殆尽，但数十面刻着儒学典籍精华的石碑，虽有断裂残破却仍屹立不倒。"无平不陂，无往不复，艰贞无咎"①、"士不可以不弘毅，任重而道远"②、"青青子衿，悠悠我心"③……当大火退去，人们在一片废墟焦土之上的残石断碑上读到这些熟悉的章句时，心情应该格外复杂。经历乱世，熹平石经反而在用最惨烈也最直观的方式，诠释和宣扬着儒学的核心精神。正如《吕氏春秋·诚廉》所说："石可破也，而不可夺坚；丹可磨也，而不可夺赤。"④随着三国曹魏政权初定，废墟中的熹平石经终于迎来新生。

> 从初平之元，至建安之末，天下分崩，人怀苟且，纲纪既衰，儒道尤甚。至黄初元年之后，新主乃复，始扫除太学之灰炭，补旧石碑之缺坏，备博士之员录，依汉甲乙考课。申告州郡，有欲学者，皆遣诣太学。太学始开。⑤

在东汉朝廷和一流文化精英的努力下，背负重任的熹平石经不仅为儒学传道，也有为统治者安抚天下、整肃人心的功能。曹魏王朝为了重振天下的儒学和纲纪，将复建太学作为要务。而恢复太学

---

① 黄寿祺、张善文：《周易译注》，上海古籍出版社，2018，第196页。
② 刘胜利编《论语》，中华书局，2006，第66页。
③ 许松华注析《风雅颂：诗经三百首精选》，北京时代华文书局，2016，第21页。
④ （秦）吕不韦编，许维遹集释《吕氏春秋集释》卷十二，中华书局，2009，第267页。
⑤ （晋）陈寿：《三国志·魏书·毛玠传》裴松之注，中华书局，1982，第420页。

功能，首先要做的事就是清理太学遗址，修补遭受损坏的石碑。因战乱而中断的太学得以恢复，魏明帝立刻开始效仿东汉经营本朝石经，先是将曹丕的《典论》刻成六块碑，同熹平石经一并立于魏都洛阳南郊太学讲堂西侧，以达到劝学的目的。

　　（太和）四年春二月壬午，诏曰："世之质文，随教而变。兵乱以来，经学废绝，后生进趣，不由典谟。……其郎吏学通一经，才任牧民，博士课试，擢其高第者，亟用；其浮华不务道本者，皆罢退之。"戊子，诏太傅三公：以文帝《典论》刻石，立于庙门之外。①

　　先帝昔著《典论》，不朽之格言，其刊石于庙门之外及太学，与石经并，以永示来世。②

　　《典论》是中国较早的文艺理论批评专著，"盖文章，经国之大业，不朽之盛事。年寿有时而尽，荣乐止乎其身，二者必至之常期，未若文章之无穷"③，显示曹丕高度重视文学的价值，立《典论》石碑于太学，相当于把文学提高到与传统经典相等的地位。虽然其内容不是儒学，但现代学者仍将其视为石经，作为汉魏石经的一部分。④

---

① （晋）陈寿：《三国志》卷三《魏书·明帝纪》，中华书局，1982，第97页。
② （晋）陈寿：《三国志》卷四《魏书·三少帝纪》注引，中华书局，1982，第118页。
③ （清）严可均编《全上古三代秦汉六朝文·全三国文》卷八《典论·论文》，中华书局，1958，第1098a页。
④ 关于《典论》石经性质，可参考王东洋《汉魏石经杂考》，《河南科技大学学报》（社会科学版）2017年第1期，第17~22页。

　　随后，正始二年（241）镌刻《尚书》《春秋》《左传》三部经书立于太学前堂。此次刊刻史称"正始石经"（图16），因为与熹平石经只用今文（汉隶）不同，这次刊刻用了古文、小篆、汉隶三种字体，所以二者分别亦称"一体（字）石经"和"三体（字）石经"。正始石经共三十五面①，每石高2米，宽近1米，方便时人用不同字体对照研究儒学经典，它也是汉字书法史上一次集大成之作。

图16　正始石经残石

　　到西晋末期为止当是汉魏石经最为辉煌的时期，四十六面熹平石经、六面典论石碑、三十五面正始石经，同时巍然屹立于洛阳，堪称真正的碑林。可惜"八王之乱""永嘉之乱"中以及之后的十六国时期，都城洛阳成为各方势力争夺的焦点，"晋永嘉中，

---

① 关于正始石经的相关史料较少，碑石数量不明确，《西征记》以为三十五碑，《洛阳伽蓝记》以为二十五碑，马衡认为正始石经可能是二十八石。

王弥、刘曜入洛，焚毁二学"①。无休止的战火再次毁灭了洛城的繁华，也让石经陷入万劫不复的深渊。

东晋戴延之随刘裕大军西征经过洛阳，亲见石经并留下相关记录：

> 国子堂前有列碑，南北行，三十五枚，刻之表里，书《春秋》《尚书》二部，大篆、隶、科斗三种字。碑长八尺，今有十八枚存，余皆崩。（以上言魏三字经碑）太学堂前，石碑四十枚，亦表里隶书《尚书》《周易》《公羊传》《礼记》四部，本石塘相连，多崩败。（以上言汉一字经碑）……有魏文帝《典论》六碑，今四存二败。②

此时的石经虽遭损毁，但还有半数存留。然而在北魏建立初期，天下相对安定下来之际，熬过战火的石经反而再次遭遇人为的毁灭性打击。北魏初年，冯熙、常伯夫两人先后任洛州刺史时期，由于当时崇信佛教，到处大肆兴建浮图、精舍等佛教建筑，石经被随意毁取，作为上好石材用作础石等建筑材料。《洛阳伽蓝记》记录洛阳城中佛教最盛时的景象是"招提栉比，宝塔骈罗，争写天上之姿，竞摹山中之影。金刹与灵台比高，广殿共阿房等壮"③，可是这些佛家的招提、宝塔有不少是建立在刻满儒学经典的石材上的。这也算是儒家和佛教在意识形态以及现实当中的一种无声的较量。

---

① （北魏）郦道元著，陈桥驿校证《水经注校证·谷水》，中华书局，2007，第402页。
② （宋）李昉等：《太平御览》引《西征记》，中华书局，1960，第2654页。
③ （北魏）杨衒之：《洛阳伽蓝记校笺》，中华书局，2006，第250页。

待到公元493年，北魏孝文帝把首都从平城迁往洛阳，迁都诏书中的"崤函帝宅，河洛王里，因兹大举，光宅中原"表明，孝文帝看重的就是这里曾经的地位和文化象征。志在统一天下的孝文帝进行了一系列富有象征意义的汉化改革，包括诏令在洛阳城内设立国子学、太学、四门小学等，孝明帝神龟元年（518）大臣崔光等提出派人看管、整修经碑。可惜重建石经是个大工程，北魏自身政局动荡已经无力回天，那些遭到毁坏、挪作他用的汉魏石经也再难恢复原状。

北魏之后分裂为东魏、西魏，继而发展为北齐、北周，熹平石经、正始石经等洛阳的汉魏石经的命运仍然多舛，因为时事动荡、都城频繁变动，尽管石经已经残缺不全，执政者却都仍然不约而同地执着于石经。

东魏定都于邺城，东魏武定四年（546）高洋下令搬迁石经，"自洛阳徙石于邺都，行至河阳，值岸崩，遂没于水。其得至邺者不盈太半"①。北齐天保元年（550），包括残碑和《典论》碑石在内，邺都尚存52枚经石。戏剧性的是，北周战胜北齐，北周大象元年（579）二月，移相州六府于洛阳，称为东京六府，又下诏徙邺城石经于洛阳。经过几十年的动荡，石经残石终于由邺城又迁回洛阳。然而不久后，随着隋朝统一天下，经石于开皇六年（586）又由洛阳迁到长安，置于秘书内省。

此时距离石经最初搬离洛阳不过短短四十年，原本寓意"金石永固"的石经，历经磨难后又匆匆三易其地，其中一部分还被营造司用作柱子的基石，损失之惨重可想而知。隋末天下又经过群雄争霸，才

---

① （唐）魏徵等：《隋书·经籍志》，中华书局，1973，第947页。

安定于唐朝。唐贞观初年，魏徵特意去搜集汉魏石经，此时早已没有完整的石碑，就连残石也十不存一。

熹平石经在中国文化史上是个非常特殊的存在，在正史中占据了相当多的篇幅，可谓是浓墨重彩的存在，但现实中正式存在的时间只有六七十年，在历史长河中如烟花一闪，转瞬即逝，很多对文史不熟悉的现代人甚至根本不知道它的存在。然而，与历史上只留下名称供后人想象的阿房宫、铜雀台等不同，尽管绝大部分汉魏石经已遭毁灭，但并未完全物理性消失。这就是石质材料与木材等其他材料相比的优越性所在，石头不会轻易地化为灰烬，石头与文字结合的石刻，更是将信息传递能力发挥到了极致。

石经带来的文字美学与深情

汉魏石经虽然历经浩劫，但始终为历代政权所重视，成为儒学传道授业的象征，天下太平时它得到修补维护，世间纷乱时政权宁肯费时费力也要不离不弃地将它带走。据统计，在目前发掘和收集到的历代零碎残石中，曾经二十多万字的熹平石经存留下来的只有八千八百多字；正始石经只留两千多字。这些分散在残石上的文字很多字迹难以辨认，内容当然也不连贯，石经作为经书标准文本的功能早已丧失。但神奇的是，这并没有妨碍石经长期以来对华夏文明隐秘和持续的影响。

石经的影响，除了为当时儒家经典的传播提供了标准文本，对校对版本、规范文字起到重要作用以外，客观上让普通人也有了可以学习的教科书，对文字、文化的推广普及居功甚伟。

对于封建统治阶级来说，让读书人忠实地为己所用远比学术和文化的创新更重要。因此，熹平石经也被后世多个王朝效仿，只要国力达到一定水平，王朝局势稳定，统治者就会考虑通过由政府组织有计划地刊刻经书的方式加强对知识分子意识形态的控制。熹平石经拉开了历史上以多部经典文献为内容的大规模刻石的序幕，自此以后，正始石经、开成石经、广政石经等历代石经持续不断地出现。

石经的儒学教化功能和象征意义是统治者对石经如此执着的根源。在石经遭到大规模破坏之前，它具有如同超级书本一样的教化功能；同时，石经是王朝重视"文治"的象征，给予天下士人通过读书获取功名的希望。石经总是伴随着太学、国子监等官方教育出现，显示的是一种权威，即教授学问的渠道和知识的标准都须由当权者统一裁定。当这两项功能都开始淡化的时候，封建王朝对石经的态度就开始发生变化。

不少学者将隋代设立进士科作为科举制度的开端。① 总体来说，自隋唐时期起，封建王朝通过考试选拔官吏的制度不再局限于太学的小圈子内，而是成为一项基本制度固定下来。从唐代开始，科举制度越来越完备，原则上允许"投牒自进"，即允许自己报名参加，不必非得由公卿大臣或州郡长官特别推荐，这一点是科举制最主要的特点，也是其与察举制最根本的区别。科举考试的内容基本上还是儒家经义，分科取士，统治者为了笼络知识分子而全面扩充科举取士名额，还有了每年定期考试的制度。传拓技术的产生逐渐杜绝了书籍手写传抄过程中出现谬误的情况，之后还因此演变和发明了

① 部分学者认为科举制开始于汉朝，选拔人才是察举制与征辟制并用；也有人认为科举制度正式形成的时间在唐朝。

印刷术，纸质书本更适合作为教科书，石经的教化作用大大降低。因此，隋唐及其之后的王朝，虽然也还重视石经，也刊刻了开成、嘉祐、乾隆石经，但朝廷对石经的重视、推崇程度及石经的影响力都再也没有达到汉魏时代的水平。

我们可能很难说清楚中国文化的儒家色彩到底是如何一步步形成的，但石经对中国人的儒家思想无疑起到了巨大的塑造作用。汉民族居住地域跨度大，方言众多，比起口头语言，文字相当于一种共有的"基本个性"在使用者中经久流传。刻在石头上的儒学经典起到了联结群体的作用，让使用共同文字学习儒学的人们跨越时间和地域，产生大家属于同一个群体的感受，民族身份认同和文化归属感都由此而起。

创造性地将儒学经典刻于石上，可谓儒学教育的一大创新，对宣扬普及文字、文化发挥了巨大作用。虽然烜赫一时的熹平石经没能挽救东汉大厦将倾的颓势，自身也不得不在乱世中接受血与火的洗礼。这种以石经为典范来规范天下学人读书写字的做法，各方面效果都是显著的。一方面起到帮助统治阶级维护统治的政治作用，另一方面，为后来的文字规范与传播树立了榜样。还有一个容易被忽视的客观事实就是，熹平石经还给了普通中国人关于文字之美的最初熏陶。

熹平石经刚建成时，每天车乘千余辆填塞街陌，观视及摹写者多不胜数，除了寻章摘句、研究文章内容的儒生学子以外，其中应该也有不少人被其书写的字形所吸引。如果说经典文献作为石经内容是一种经得起时间考验的"内在美"的话，蔡邕等人书写的隶书作为石经外观则是一种赏心悦目的"外观美"。

熹平石经使用史称"八分书"的一种简化了的隶书（图17），

又称"今隶"，字体骨架结构方正端庄，点画布置匀称工稳，每个字都一丝不苟。领衔书丹者蔡邕不愧是当时的书法大家，梁武帝在《古今书人优劣评》中说评价他的书法是"骨气洞达，爽爽如有神力"①，范文澜在《中国通史简编》说："石经是两汉书法的总结"，"两汉写字艺术，到蔡邕写石经达到了最高境界"。②熹平石经集汉隶之大成，用笔方圆兼备、刚柔相济，笔意建立在笔画的运动方式中，直画有明显的波动性，平稳古雅，不但在当时被奉为书法的典范，对后世书法的发展也有很深的影响。

图 17　熹平石经拓本

① （清）倪涛编《六艺之一录》卷二百八十三《历代书论十三·梁武帝古今书人优劣评》，浙江人民美术出版社，2015。

② 范文澜：《中国通史简编》，人民出版社，1964。

从图 17 可见，熹平石经碑文整齐划一，字体雍容典雅，整篇布局如宫殿庙堂，给人以庄重美感。之所以被称为"八分书"，是因为隶书由篆书发展而来，变曲为直、画圆为方，将篆书化繁为简，字体间展现出左掠右挑的八分笔法。也有人认为所谓"八分"，是指东汉成熟的隶书体，笔势如"八"字左右两侧均衡分布之状。

熹平石经作为汉代隶书的最高峰，是中国书法史上第一个碑刻书法的鸿篇巨制。每个字都以扁方为主，字势横平竖直，间距匀称，四方饱满，雄浑敦厚，细看却又不刻板，撇字笔画像曲波，捺字笔画笔锋开张像大雁的尾羽，极具生命力，淋漓尽致地展现了波折之美。在用笔上，藏笔、露笔、圆笔、方笔各种笔法都有，运笔起势姿态优美；在字体结构上，把小篆的纵势长方变成正方，有舒展灵动的气度。熹平石经自诞生伊始就被奉为书法典范，书丹者精绝的书法被匠人完美地镌刻在石头上，留下永恒的美。

民国时期的经学家马宗霍指出："虽结体或方或圆，取势或肆或敛，莫不俯仰委它，雍容揖让，有儒者之度，是故八分书者，儒家之书也。而熹平石经，且示天下儒生以正则焉。"[1] 可见熹平石经的书法字形也是符合儒家精神的、能够示范天下儒生的"正则"。流风所至，对后世书法、艺术、审美的影响既深且远，不仅之后衍生出唐隶、清隶的书法流变，在汉字字体由篆变隶、由隶变楷的过渡中也真正起到承上启下的重要桥梁作用。

---

① 马宗霍：《书林藻鉴·书林记事》，文物出版社，1984，第 31~32 页。

自秦用篆书，焚烧先典，而古文绝矣。汉武帝时，鲁恭王坏孔子宅，得《尚书》《春秋》《论语》《孝经》，时人已不复知有古文，谓之科斗书，汉世秘藏，希得见之。魏初传古文者，出于邯郸淳。敬侯写淳《尚书》，后以示淳，而淳不别。至正始中，立三字石经，转失淳法。因科斗之名，遂效其法。太康元年，汲县民盗发魏襄王冢，得策书十余万言。案敬侯所书，犹有仿佛。[①]

用古文、篆书、隶书三种文字刻成的正始石经（图 18），所刻文字内容比熹平石经少，规模也相对较小，但可以梳理出中国书法和古文字的发展演变轨迹。以上引文讲的就是秦始皇焚书，造成文化上的断层，鲁壁藏书重见天日，但科斗之文世人多不能识，正始石经以古文、隶书、篆书三种文字书写，互相对照，与邯郸淳的古文写法不同，为古文正法。因此，正始石经以古文、篆书、隶书三种字体逐字对照排列，形成了三体并存的格式，具有独特的美感，在中国书法史和汉字发展史上具有重要意义。

历经数次浩劫，洛阳太学的熹平石经、正始石经几乎毁坏殆尽，自宋代以来陆续有汉魏石经残石出土，被赵明诚《金石录》、洪适《隶释》等收录。洪适、石邦哲等据以重刻拓本传世，不绝如缕。至清代有宋拓本三种，即孙承泽本、黄易本以及阮元文选楼本《汉石经残字》流传于世。胡元质刻石经于成都，其《石经跋》云："兹来少城，得坠刻于一二故家，虽间断不齐，然残圭裂璧，

---

① （晋）陈寿：《三国志》卷二十一《韦诞传》注引《文章叙录》载卫恒撰《四体书势》，中华书局，1982，第 621 页。

图 18 正始石经拓本

亦可宝也。"①这句话显示了历代文人对汉魏石经的敬重态度，令人感动。

残破的石头之所以被当作宝贝，除了石经的特殊意义以外，与其所刻字形之美也是有关系的。一枚残石上的寥寥数字，虽然内容并不连贯，甚至不知所云，但方正稳健的结构、波折流畅的笔画，只看字体形状也能直观感受到中正平和之气，这种恰到好处的克制与平衡，正是儒学以及中国人特有的中庸之道。

汉魏石经随着战乱和政权迁移而数次辗转，熹平、正始等汉魏石经的毁灭，从另一个角度来说，曾经完整的石碑碎成无数小片，流落到不同的地域，其残石和拓片又在不同收藏者之间交换传播，这个过程本身也是一种文化流布。每次发现残片，都让文化人士欣喜若狂，不惜花费重金将其买下，校勘讨论，常常对着只字片言探讨良久、不亦乐乎，甚至波及海外，如日本汉学家武内义雄就著有《汉石经及〈论语〉残字考》。

民国时期洛阳出土的石经残片更是让王国维、罗振玉等文人执着地收集、拼补，哪怕只是汉魏石经的一片残石和几个模糊不清的字，也视为珍宝，精心收藏和拓印。有人愿意耗尽心血去考察求证，接力式地探求残石上的文字是什么，可能属于哪一部分，为什么会出现在这里……曾任故宫博物院院长的马衡精于金石篆刻碑帖研究，他将所收集之汉石经拓片（或残石）依照文献记载整理排序，并用石经文字考订文献，编撰成《汉石经集存》，统计了截至当时已现世的石经残石46块，累计留存残字八千余字，而散落在

---

① （明）杨慎：《全蜀艺文志》，文渊阁《四库全书》卷五九，上海古籍出版社，2003，第1~2页。

民间的残石不包括在内。新中国成立后，考古工作者又陆续发现一些石经残石，现在残存的石经残石别散存于西安碑林博物馆、中国国家博物馆、河南博物院、洛阳博物馆等处。

华夏文明的形成是个长期、坎坷和复杂多样的历程，经历了无数政治纷争、社会巨变和外来影响，但其精神底色是儒家思想。刊刻和树立汉魏石经，本身就是统治阶层对儒学的肯定和彰显，汉魏石经的存在，不仅在书本尚未普及的古代推广宣传了儒家经典的文本内容，还在长久地影响了中国人的精神世界，造就了中国人对文字的敏感和深情。

第五章

墓葬石刻：中国式的死亡纪念

　　中华民族自古就是一个善于传递记忆的民族，刻字纪念是古人保存记忆、传递记忆最重要的方式，比起稀少珍贵的金属，石头更廉价易得，刻石成为中国长期特有的文化传统。帝王将相刻石记功，如秦始皇的石刻；圣人大家刻石明德，如熹平石经宣传普及儒家经典；而中原王朝相对来说较为普通的人士也是有机会被铭刻于石上的，那就是安葬时刻石纪事。陵墓石刻是中国古代石刻文化以及雕塑艺术的重要组成部分，包括地上、地下纪念性石刻与墓室随葬品等，如神道碑、墓志铭、墓志盖、墓前的石人石兽等，是中国古代厚葬文化的产物。

　　无论古今中外，墓葬石刻总是距离死亡最"近"的实物。墓葬中的石碑，既向生者展示亡者的人生或特质，也陪伴着逝者一起直面死亡。王静芬在《中国石碑》中认为，希腊语"stele"或拉丁语"stela"的意思是柱状物，指直立的石块，被雕刻以后往往用作墓葬的标志，并具有供奉、纪念和划界的作用，中国传统的碑在形式和功能方面与"stele"一词在古代世界其他文化中的意义具有相似性，因而将"碑"译为"stele"非常恰当。①

碑的最初功用

碑是当今生活中最为常见的一种石刻形式，有人甚至用这一名称来代替文字石刻整体。事实上，中国文化中"碑"的所指、功用与文化寓意比较复杂，有一个发展变化的过程。古代文献中提到的"碑"，未必是当代中国人熟悉的碑的形象。《说文解字》的许慎非常简约地将其解释为："碑，竖石也。"②这个名称最早出现在成书于战国早中期的儒家经典《仪礼·聘礼》中，东汉大儒郑玄注释说："宫必有碑，所以识日景、引阴阳也。凡碑，引物者，宗庙则丽牲焉，以取毛血。其材，宫庙以石，窆用木。"③

因此，相关研究通常认为，早期的碑有三个用途：宫中测日影计时、宗庙拴祭祀用牲、墓葬牵绳下棺柩。河洛石刻遗存对古代碑的这三种功用都有体现。

非常典型的例子是登封观星台上遗存的一块测影石碑（图19）。《旧唐书》记载，唐玄宗开元十一年（723）命太史监南宫说仿周公土圭旧制，换以石圭、石表，据推测，现存的这块石碑正面呈上圆下方形，上刻"周公测景台"五字，应为这个时期修建。唐代僧人义净在《南海寄归内法传》中记录古代印度以及南海地区在

---

① 〔美〕王静芬：《中国石碑》，毛秋瑾译，商务印书馆，2011，第 12 页。

② （汉）许慎：《说文解字》点校本，中华书局，2020，第 302 页。

③ 李学勤主编《十三经注疏·仪礼注疏》卷二十一《聘礼》，北京大学出版社，1999，第 409 页。

图 19　登封周公测景台测影石碑

一日之中怎样测定时辰时，提到"即如洛州无影，与余不同"，即洛阳与其他地方不同，没有影子。但从天文学角度来说，位于北回归线以北的洛阳一年之中任何时候都不可能出现"无影"的情形。这个矛盾引起中外学者的困惑，长期以来得不到解答，只好认为这是义净书中的错误。当代学者王邦维利用登封观星台实地观测考察，发现确实可见到"无影"的奇观，认为登封自古为洛阳门户，"洛州无影"与中国古代把洛阳看作"天下之中"的观念有关。[①]

① 具体可参看王邦维《洛州无影与天下之中》，《四川大学学报》（哲学社会科学版）2005 第 4 期；《洛州无影》，《文史》2000 年第 3 期；《再说洛州无影》，《唐研究》2004 年第 10 期；等等。

在宗庙前用来拴牲口的石碑也很常见。这类碑上有洞，叫作"穿"，意思是绳子可以从中穿过，拴住那些用来祭祀的牲口。1997年在河南新郑战国都城的发掘中发现一件圭形石碑（图20），高约3.3米，宽约0.45米，厚约0.25米，正反两面被打磨得十分光滑，上部呈尖形，中下部位置有圆孔，无字。它正位于该都城的宗庙遗址中心，圭首两侧带有翼耳，中下部有圆穿，被学者推测为太庙所立的祭祀碑，为礼器，圆孔可以用来拴牲口。[①]

图20　新郑出土圭形无字碑

早期碑的第三个功用是作为下葬时绑系棺椁的柱子，一般竖立在墓的两旁，其规制在等级社会中有严格的规定。《礼记·檀弓下》记载："公室视丰碑。"郑玄注："丰碑，斫大木为之，形如石碑，

---

① 该碑的具体信息参照朱士光编《黄帝故里古都历代文献汇典》，中国文联出版社，2004；郝本性《郝本性考古文集》，科学出版社，2012。

于椁前后四角树之，穿中，于间为鹿卢，下棺以綍绕，天子六綍四碑，前后各重鹿卢也……诸侯四綍二碑……大夫二綍二碑，士二綍无碑。"① 綍指的是粗绳子，按照郑玄的解释，天子可以用四个木碑穿六根粗绳子下葬，而低等级的士则不能有碑，只能用手挽着绳子下葬了。

从这些记载来看，最早期的石碑是古代建筑布局中一个必要的组成部分，立在宫庙前面通过日影来确定时间，相当于日晷。而墓地用的碑为木质，没有文字，只起到承载棺椁下葬的作用，主要发挥实用功能，与后世墓碑的作用显然不同。

碑演变为现代人所熟悉的石刻形制，要到汉代。西汉晚期至新莽时期，产生了坟坛、祠堂、神位等供丧葬礼仪使用的石刻，东汉开始，中国石刻正式进入发展高潮。如南朝刘勰所言，"自后汉以来，碑碣云起"②，碑形制的石刻大量出现，专门用来铭刻文字、图像等。

早期汉碑的典型

北魏时的地理著作《水经注》记录当时可见的百余座汉碑，宋代金石著作《隶释》收录 115 种汉代碑文。它们绝大多数都是东汉碑刻，大都经过精工修整，具有长方形碑身、铭文体例规范等固定形制，为后代碑石制作确立了一个可供遵循的标准模式。现存刊刻时间较早的"袁安碑"是形制最典型的汉碑（图 21）。

"袁安碑"全称"汉司徒袁安碑"，它的发现很偶然。根据《碑

---

① （清）孙希旦：《礼记集解》卷十一《檀弓下》，中华书局，1989，第 281 页。
② （南朝）刘勰：《文心雕龙译注》，齐鲁书社，2009，第 209 页。

帖鉴定》，"（袁安）碑出土时间不详，于明万历二十六年（1598）移至偃师西南新村牛王庙中，作为香案。因碑阳向下，故不知是碑。至 1928 年初，该庙改为辛村小学，石案仍置原处。1930 年夏，一小学生卧于其下乘凉时，发现案下面刻有文字，即告知村中人。一村民拓若干纸售出，才名闻全国，碑亦为人重视"[①]。关于此碑的发现过程，民国时期受聘为北平图书馆名誉调查员和故宫博物院考古采访员的郭玉堂在《洛阳出土石刻时地记》中也有大体类似的记述。

在"袁安碑"被正式发现大约八年前，"汉司空袁敞碑"（简称"袁敞碑"）1923 年春在洛阳出土，碑文为篆书，存七十余字。经金石学者马衡反复确认，得知该碑记录了河南尹袁安第三子袁敞的生平，大体与史书一致。罗振玉购得"袁敞碑"后视若珍宝，专门作长跋文谈此碑的价值：

> 私谓此刻可宝者三：敞为汉名臣，一也；碑文才存七十字，而可资考证，二也；汉篆书仅嵩高二阙，而风雨摧，笔法全晦，而此碑字之完者，刻画如新，三也。是碑不仅为寒斋藏石第一，亦宇内之奇迹矣。[②]

三国时期关东群雄联合讨伐董卓时，袁绍被推荐为盟主，很大程度上是靠其出身和名望。袁绍以世代公卿为傲，动辄号称"四世三公"，他往上的袁家连续四世每代都有人担任三公（司空、司徒、

---

① 马子云：《碑帖鉴定》，广西师范大学出版社，1997，第 27~28 页。

② 罗振玉：《袁敞碑跋》，载刘承干《希古楼金石萃编》（第 5 册），新文丰出版公司，1982，第 3873 页。

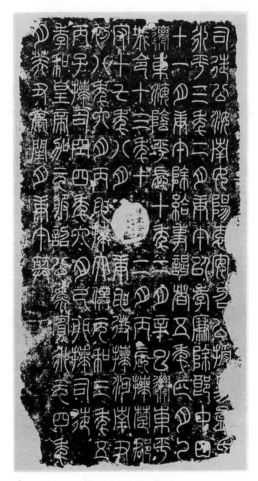

图 21　袁安碑拓片

太尉合称"三公"，是东汉时期最权高位重的三个官职）。袁安、
袁敞父子就是其中的第一、二世，可以说汝南袁氏家族的隆盛就是
他们创造出来的。特别是袁安，史书称其"京师肃然，名重朝廷"，
出土的石碑证实袁氏一族在东汉到三国时代确为举足轻重、影响历
史走势的世家。

　　"袁安碑""袁敞碑"的碑石长度、宽度、厚度一致，碑上所刻
文字都以小篆书就，书法笔势也很接近。由于篆书铭刻在存世石刻

中所占比例很小，这二碑保存较为完整，具有极高的历史文物价值与艺术鉴赏价值，但由于袁安碑和袁敞碑相隔八年被发现，且都并非墓葬出土，缺少可以佐证其刻立年代的其他证据，从面世初始就受到极大关注，引发了许多关于其刻立时间、真伪的争论。①

"袁安碑"现藏于河南博物院，石碑为高 1.39 米、宽 0.73 米的竖式长方形，碑文为小篆书，凡 10 行，每行存 15 字。碑的边缘稍有残缺，造成铭文下端每行各缺一字，所载姓氏、籍贯、官阶升迁及死葬年月，与史载袁安一生历官和死葬年月等信息基本相符，个别文字还可补传记之缺。

目前我们无从得知"袁安碑"最早具体是从什么地点、在什么情况下从地下出土的，只知道从三百多年前开始，这块碑就一直阳面朝下、被当作小庙里的香案桌使用。碑的两个侧面都有刻字，右侧记载 1930 年发现此碑的经过，左侧有明代万历年间的题字。世事变迁，庙变为小学，若不是调皮的孩子仰卧其下乘凉发现了刻字，它还只是一块陈旧的普通石板。

所幸石碑光滑的背面用于放置上香所用的器物，正面铭文奇迹般地相对保存完好。整个碑形制较为完整，字迹清晰，用笔、结体、线条质感等诸多细节都清晰可见。清代刘熙载在《艺概·书概》中说，秦碑力劲，汉碑气厚。从书法角度来说，"二袁碑"都是用笔提按转折，体势宽博，无秦篆的巍峨高拔之势，多了稳健宽容之态，这正是汉篆的典型特征。铭文延续秦小篆，在继承的同时还发展了新风貌，笔法更丰富，风格更多样，艺术性得以凸显。现代书家费声骞评"袁安碑”：“此碑笔画瘦劲，纤而能厚，结体宽博，运笔圆匀，碑字清晰，可供学篆取法善本。”[1] 启功先生也认为：“字形并不写得滚圆，而把它微微加方，便增加了稳重的效果。这种写法，其实自秦代的刻石，即已透露出来，后来若干篆书的好作品，都具有这种特点。”[2]

最值得说明的是，“二袁碑”都有碑穿，这是典型的早期汉碑的特征，清晰展现了碑由春秋时期的实用功能性器物向现代可见的形制转变的历史过程。“碑之有穿，所以丽牲，亦所以引绋”[3] 中所言的碑穿的功能，在东汉时期已开始渐渐淡化甚至消失，仅有象征意义，甚至开始出现无穿的墓碑。

总体来说，先秦时产生的无字、无固定形制但有实际用途的原始碑，在汉代发展为有“刻辞”、有固定形制用来纪念的碑。石质墓碑整体形制基本确定，在此后的历史时期内几乎再也没有重大改变，没有其他古代器物发展过程中那些早期的不定型状态与漫长的演变阶段，从而一直延续使用到当今社会。

刑徒与砖

儒家经典《礼记·祭统》说：“铭者，论譔其先祖之有德善、功烈、勋劳、庆赏、声名，列于天下，而酌之祭器，自成其名焉，以祀其先祖者也。”[4] 从中可见石刻原本就具有表功德、祭祖先的强

---

① 文物品鉴袁安碑，河南博物院，https://www.chnmus.net/ch/collection/appraise/details.html?id=5121597057151773。

② 启功：《从河南碑刻谈古代石刻书法艺术》，《文物》1973 年第 7 期，第 54~62 页。

③ （清）叶昌炽撰，柯昌泗评《语石、语石异同评》，中华书局，1994。

④ （清）孙希旦：《礼记集解》卷四十七《祭统》中华书局，1989，第 1250 页。

烈属性，所以，石刻与墓葬产生关联是水到渠成的必然结果。

最早的成规模的与墓葬直接相关的石刻是刑徒砖，又称"刑徒墓砖"，它与死者尸骨共埋，常被看作墓志铭的前身。秦汉时称被判处剥夺一定时期自由的罪犯为"刑徒"，他们需要服役，属于相比死刑较轻的一种重罚。刑徒们常常由狱所押送到司隶校尉或者将作大匠管辖的工地上，从事苦役。帝王贵族修建陵墓、盖造宫苑，以及筑城挖河、屯田筑障等繁重劳动，大都由刑徒从事，例如《史记·秦始皇本纪》载："于是始皇大怒，使刑徒三千人皆伐湘山树。"[①] 秦时的刑徒制度极为残酷，到了汉代有所进步，死去的刑徒可按照普通人的葬制入葬，并埋入标记以便其家属认尸迁骨。

刑徒砖是古代犯人死亡后用以记录其名籍、生卒年月等内容的刻画砖铭（图22）。由于刑徒砖用于犯人意外死亡时，故大多是在匆忙之中做成的，其铭文刻画比较随意草率。但换个角度来看，正因为自然随意，故多具天真质朴、凌厉奔放之韵味，真实反映当时文化和社会的一个侧面。

刑徒砖有两块一套的，也有仅有一块的，为死去刑徒随葬的镌刻铭文的墓志砖。目前刑徒砖主要发现于洛阳及其周边地区。1909年《神州国光集》发表了第一块刑徒砖砖志铭文拓片，之后又有刑徒砖陆续出土，引起学界关注。新中国成立后在原东汉都城洛阳城南郊的一处高地上发现埋葬刑徒的大型墓地，面积约5万平方米，发掘清理墓葬522座，出土刑徒骨架432具，出土刑徒砖823块，除去无字砖或当时无法摩拓的残损砖，共取得783块墓志拓片，主要有下列七种格式。[②]

---

① （汉）司马迁：《史记》，中华书局，1982，第248页。

② 此处引用张志亮《洛阳东汉刑徒墓砖概说》，《东方艺术》2022年第12期，第2~20页。

（一）仅刻姓名的，字体线条劲健，有的笔画以单刀刻出，朴拙而又率直。

（二）于姓名上加刻"无任"或"五任"。

（三）于姓名上加刻郡县名的。

（四）刻郡县名、刑名、姓名。

（五）刻"无任"或"五任"、郡县名、刑名、姓名。

（六）刻"无任"或"五任"、郡县名、刑名、姓名死亡日期。

（七）刻部属、"无任"或"五任"、狱名或郡县、刑名、姓名、死亡日期，并注明其尸体在此地。[①]

图22　1964年洛阳偃师西大郊村出土的东汉刑徒砖拓本

① 东汉时称刑徒服役场所为"作部"，洛阳的刑徒归将作大匠下的左、右校管辖，有专门登记的册簿。砖铭应该是从事书写或者刻辞的书佐在刑徒死亡后根据登记信息制作的。"无任"和"五任"两个词大量出现在刑徒砖铭中，而不见于两汉书，应该是当时针对服劳役刑徒的专用名词。张政烺等学者据《资治通鉴》《隋书·刑法志》等认为"五任"是指有技能的刑徒，一般指能够操作木、金、皮、设色、博植五事技能的刑徒；"无任"是指没有技能可供役使的刑徒，一般服劳役时要戴刑具。

例如，图 22 是东汉刑徒墓中发现的刑徒砖中的一块，所刻文字为："右部无任少府若卢髡钳尹孝永初元年五月四日物故死在此下。"简要地记述了刑徒的部属、"无任"、狱所、刑名、姓名和死亡日期，大意是当时专管刑徒的将作大匠"右校"所管由拘治犯案官吏的"少府若卢"狱调拨来的、被判处"髡钳"的刑徒尹孝在永初元年（107）五月四日死于此砖之下（墓砖一般是压在死者棺上的）。

汉故城遗址中常见的建筑用砖一般长 48 厘米、宽 24 厘米、厚 12 厘米，刑徒砖基本上都是利用不同规格的残缺废弃砖块制作的，因此形制规格大小不等。这类砖上所刻的文字是通俗隶书，都是用金属利器在较坚硬的残砖上刻画而成，呈竖行排列，自右向左刻写。有的是先用朱笔将要刻的文字直接书写在砖面上，然后依笔画刻画出线条成字，故入刀处较尖，笔画瘦硬挺劲。也有的是匆忙之下以刀代笔，直接急就而成。笔势起落顿挫有力，质朴自然，在有限的空间内错落有致，别有一番风格。正如清朝的书法家所评价的那样："结构淳古、风神飘逸、隶中佳品，可爱也。"[1]

刑徒砖是碑刻、简牍之外数量最大的一批汉代文字材料。根据中国社会科学院考古研究所编著的《汉魏洛阳故城南郊东汉刑徒墓地》公布的对东汉刑徒墓地发掘资料的统计，1964 年考古部门对该墓地的一部分进行了第二次发掘，共发掘 522 座刑徒墓葬，出土刻有铭文的刑徒砖 820 余块，计 7143 字，如果加上历来采集到的

---

[1] （清）方朔：《枕经堂金石题跋》，清同治三年，中华古籍资源库，http://read.nlc.cn/allSearch/searchDetail?searchType=1002&showType=1&indexName=data_892&fid=312001038652。

刑徒砖文，总字数有 14075 字。历史学家罗振玉曾得古砖拓本百余纸，如获至宝，认为"百余砖者不异百余小汉碑也"[①]。当时的残酷役使和恶劣劳动条件导致许多刑徒在刑期未满时就死亡，若没有刑徒砖，他们将永远消散在历史的尘埃中，仿佛不曾存在过。残破砖石上的寥寥数字，将一条生命信息真切地留存在历史中，让我们有机会可以知道宏伟的古代建筑背后，曾经有一个具体的人，名字叫什么、家乡在哪里、接受什么样的惩罚、死于哪一天。

刑徒砖能提供亡者的简单信息，所以也被称为墓志砖或"简易版墓志铭。"它和后世的墓碑、墓志铭相比虽然简陋，但在两千年前就给予了罪犯最基本的尊重。刑徒砖作为汉代珍贵实物，记录了汉代刑徒制度、行政区划、姓氏等信息，对研究汉代思想、文化、书法等的意义不言而喻，而且体现了早期华夏文明对逝者的仁爱温暖。

中原墓葬石刻演变

石刻在东汉得到极大发展，立碑颂德、刻石记功，"立石"摆脱了秦之前刻石的那种天然的碣形，开始具有后来板型的尺寸比例，东汉还以举国之力制造了承载统一儒家经典文本新功能的熹平石经。刘熙在《释名·释典艺》中将对"碑"的定义直接写作"碑，被也。此本葬时所设也，施鹿卢，以绳被其上，引以下棺也。

---

① 罗振玉 1917 年刊刻《恒农砖录》，收录清末出土的刑徒砖中的大部分，因听信古董商砖出自河南灵宝的误传而名之为"恒农砖"。新中国成立后 1958 年查明这批刑徒砖的真实出土地是距洛阳汉魏故城遗址 2.5 公里的偃师县细庄乡西大郊村。

臣子追述君父之功美，以书其上。后人因焉，无故建于道陌之头显见之处，名其文就谓之碑也。"① 清晰表明东汉末碑的作用已由引棺转变为"追述君父之功美"，位置在道边显眼处，即此时的碑还在地面之上。

虽然汉代已有了刑徒砖，但真正的墓志到魏晋之后才开始大量出现。从墓碑到墓志的演变与当时的政治、社会习俗等息息相关，也是时代发展的必然产物。厚葬之风和纪功德是东汉社会的两个显著特征，石刻正是这两者的完美结合，因此在东汉发展到一个高潮。

然而盛极必反，"汉以后，天下送死奢靡，多作石室、石兽、碑铭等物"②，人们互相攀比，争相刻巨石丰碑，导致厚葬之风更盛，进而劳民伤财。曹操在建安十年（205）颁布《禁碑令》，"令民不得复私仇，禁厚葬，皆一之于法。"③ 以禁止厚葬为名禁止立碑。

禁碑政策与当时的禁酒令、求贤令等系列政令一脉相承，目的都是为了巩固曹魏新政权，一方面抑制奢侈浮华的世风以尽快恢复战乱之后的经济，另一方面也旨在打压士族，淡化世家大族的群体连带意识、瓦解传统势力。随后晋武帝于咸宁四年（278）又下诏重申碑禁，他认为"石兽碑表，既私褒美，兴长虚伪，伤财害人，莫大于此。一禁断之"④。总体来说，虽然政策时松时紧，魏晋南北

---

① （汉）刘熙撰，（清）毕沅疏证，（清）王先谦补《释名疏证补》，中华书局，2008，第328页。

② （南朝梁）沈约：《宋书》卷十五《礼志二》，中华书局，1974，第407页。

③ （晋）陈寿：《三国志》卷一《魏书·武帝纪》，中华书局，1982，第27页。

④ （南明梁）沈约：《宋书》卷十五《礼志二》，中华书局，1974，第407页。

朝时期各政权执行情况也不尽相同，但薄葬禁碑仍成为3~6世纪通行的政令。

私家立碑之风受到法令遏制，改变了当时的葬制格局，让墓葬相关的石碑从墓前转入了地下。为了达到"虽陵谷迁改而勒石永旌"的目的，很多人依然按照风俗立碑，只不过把石碑和棺椁一起放在墓穴内部，墓志就此诞生。"墓志"最早的实例是刻于汉和帝永元四年（92）的刑徒砖志，墓志指记载了墓主的姓名、生平和卒葬等信息，埋设于墓中，且具有一定形制的志石或志砖。

简单地说，墓志是埋在坟墓里的石碑，其别称"埋铭""葬志""圹志"等，都带有入土的意思。墓志铭即刻在墓志上的铭文，是一种悼念性文体，一般由志和铭两部分组成（也有只有志或只有铭的）。志多用散文撰写，叙述逝者的姓名、籍贯、生平事略；铭则用韵文概括全篇，主要是对逝者一生的评价。

魏晋墓志行世不多，绝大部分出自河洛地区，形状为碑形，可细分为圭形、圆首、方首等。置于墓室之内的魏晋墓志高度以40~60厘米居多，与置于地面上的东汉墓碑相比，明显小型化了。从刻文看，志文内容更加丰富，但书写形式比较随意，尚未形成固定格式，可以视为向成熟墓志过渡的时期。

整体来说，墓志铭在南北朝时期日渐成熟，志铭分撰现象更加凸显，呈现出完备的文体形态和特定的书写规则。北魏时期墓志是孝文帝迁都洛阳之后实行"汉化改革"的产物，主要出土于以洛阳为中心的地区，形成墓志的第一个鼎盛时期，体现民族大融合时期社会文化的发展与交流状况。

北魏墓志大多用笔方劲，书法精绝，特别是洛阳大量出土的北魏宗室元氏墓志，石质优良，刻工郑重，屡屡可见带有界格的楷书体态，端庄工美，做工精良。虽然此时的墓志很少提及志文作者，更不用说题撰书家、刻家的名讳，但明显出于名家之手。由于这类还残留着隶意、斜划紧结的书迹首先在洛阳上流社会蔚然成风，随后广为流行，蔓延全国，其直接被称为"洛阳体"。"洛阳体"的形成标志着魏碑这一书体已完全进入成熟阶段，甚至在敦煌遗书中看到的北魏后期的经卷也多用"洛阳体"抄写，可见"洛阳体"是北魏后期楷书的主流形态，也是隋唐楷书的先声。

　　至隋唐之时，禁止立碑的政策已基本解除，但是相较于碑，墓志的使用却更加频繁。墓志成为官员、世家贵族墓葬中的普遍随葬品，理由是"勒石加盖，埋于圹前三尺之地，以为异时陵谷变迁之防"①。因为竖立在墓地前的墓碑，会因为战乱、灾害、人事变迁等而损毁，而随同棺椁一起深埋地下的墓志，一般不会被毁坏，更能长久保存。因此，即使没有了"禁碑令"的限制，墓志也并没有被墓碑替代，反而因其独特的优势而被保持和传承下来。

　　唐朝时期国力强盛，社会繁荣，厚葬风气再起。当时，不仅墓志盛行，树立于墓表的石碑也再次出现，其中还有不少仅限于帝王及少数高级官员采用的高大精美的神道碑。长安、洛阳两京地区出现大量域外人士的墓志也是唐代墓志的特点之一，随葬品多有胡俑、骆驼俑等，对研究当时的国际关系、外来宗教、文化交流等意义重大。

　　"古文运动"对文风的倡导也极大影响了唐代墓志铭文的创作，

---

① （明）吴讷、徐师曾：《文章辨体序说·文体明辨序说》，人民出版社，1998，第148页。

以韩愈、柳宗元、李商隐等为代表，大量高水平文人名士参与了墓志铭文的创作。这一方面增加了志文的文采和可读性，完成了其从骈文向散文的转变，另一方面使墓志从一种实用文体，转变为兼有实用性和文学艺术性的特殊文体。著名人士的参与和推动，不仅让志文水准大幅度提高，还让墓志成为装点身份、提高身价的攀比之物。如桓范《世要论》所论："刊石纪功，称述勋德……势重者称美，财富者文丽……上下相效，竞以为荣。"① 这在某种意义上使得墓志成为一种既独立又通行的文体，墓志铭书写也成为一种可以竞价的商业行为，甚至还出现了墓志铭的职业写稿人。

随着生产力的发展，宋代文化的发展以及印刷产业的发达都对石刻墓志产生了影响，让墓志铭能够以纸本的形式脱离石碑，作为附录出现在文人别集和家集中。更多士大夫阶级高官亲自为故人好友撰写墓志，促使志文在传统的标识墓圹、歌功颂德的基础上，开始向史传文学靠近。

北宋时期的西京洛阳仍是人文荟萃之地，重臣名士聚集，这一时期的墓志多由文人士大夫撰文、书写及篆盖，以富弼墓志为代表，"长篇巨制"的墓志铭成为风尚。北宋中后期墓志铭内容日渐繁琐复杂，还引起有识之士对墓葬石刻中的"圹中之铭"（即墓志铭）与"道旁之碑"（墓表、神道碑）的反省，如司马光、苏轼等都认为墓志与墓表的碑文内容类似，无须在墓地重复设置。

学者分析认为宋代撰写、传播环境的变化造成墓志以塑造个性化人物、强调实录精神、借用"互见"手法等特点，同时，因

---

① （清）严可均编《全上古三代秦汉三国六朝文·全三国文》卷三十七《桓范·世要论》，中华书局，1958，第1263b页。

为流通性的增加，墓志以"言天下之公"为书写原则，与各级文本互动，而撰者为墓主回护的"曲笔"也重塑着历史书写。① 北宋中后期，党争成为士大夫政治文化的主要表现形态之一，北宋的碑志作品与士大夫的日常政治生活发生了越来越密切的联系。党锢制约了碑志的创作和传播，党争中的党派立场，有时直接渗透到碑志的叙事中，一定程度上影响了碑志叙事时的修辞策略。②

元明以后，由于战乱以及政治、文化中心的转移，河洛地区出土墓志大为减少。尤其是明代天顺二年（1458）出台的"庶人限用圹志"③ 规定，对墓志使用规格等级限制森严，造成墓志日趋简陋，埋铭者日渐减少。尽管以洛阳为中心的河洛地区仍然发现了一定数量的元、明、清代墓志，可以得知因洛阳特有的地理位置和文化传统，部分人在墓葬中依然保持了墓志传统，但数量和质量都大不如从前。事实上，墓志碑刻的传统从南宋起就开始随着南宋王朝向南迁移，圹志之风以浙江为中心逐渐盛行开来，石刻制造中心也从河洛地区转到江浙、福建一带。

历代河洛出土墓葬石刻撷英

从汉末的墓碑，到魏晋时期的墓志，埋存墓志到了南北朝时期已成为常态，墓志经过不断发展，逐步形成和确定了由文本、书法

---

① 张亚静：《论纸本传播与宋代墓志书写新变》，载杜桂萍主编《励耘学刊》2021 年第 2 辑，社会科学文献出版社，2022，第 86~103 页。

② 刘成国：《北宋党争与碑志初探》，《文学评论》2008 年第 3 期，第 35~42 页。

③ 杨宽：《中国古代陵寝制度研究》，上海人民出版社，2003，第 96 页。

与实物三重载体构成的特殊体制，承载着丰富的历史信息和艺术内蕴。康有为在《广艺舟双楫》中论述碑刻书写的流变时说："散文、篆法之解散，骈文隶体之成家，皆同时会，可以观世变矣。"①意思是从中可以看出世间的变迁。

墓葬石刻的演变过程在河洛地区有清晰完整的体现，每个时代最具代表性的墓碑墓志几乎都有所发现，主要集中在洛阳北邙、万安山及周边县区。由于数量太多，以下选取笔者认为具有代表性的实例，简要介绍说明。

1. 东汉墓志

马姜墓志（图 23）刻于东汉延平元年（106），1929 年出土于洛阳。志石长 46.8 厘米、宽 59 厘米、厚 42.9 厘米，上刻隶书 15 行，每行字无定数。志主为汉左将军特进胶东侯第五子贾武仲的妻子马姜，她是伏波将军马援之女、明德皇后的姐姐。铭文虽短，却是封建社会较早体现女性价值和地位的文物史证。此碑字体宽博，结体变化多端，此石与洛中所出黄肠石残字等相似，记文残泐数字。原为罗振玉旧藏，现藏旅顺博物馆。

现存汉代墓碑不多，墓志更是稀少。郭玉堂《洛阳出土石刻时地记》开篇即列《马姜墓记》，比较详细地记载了发掘过程。罗振玉、施蛰存等都认为此石虽不自称墓志，但所记的内容已与墓志相近，是现存最早的墓志，当代学者邱亮、王焕林对该石有存疑之处，提出辨伪的探讨。

---

① 康有为著，崔尔平注《广艺舟双楫注》，上海书画出版社，1981，第 61~62 页。

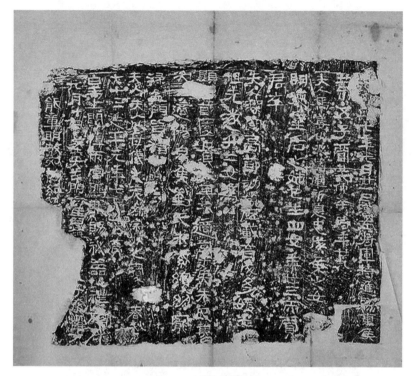

图 23　马姜墓志拓片

2. 曹魏时期墓葬石刻

王基断碑（图 24）立于曹魏景元二年（261），乾隆初年出土于洛阳城北 15 里。碑石长 135 厘米、宽 99 厘米、厚 22.5 厘米，青石质，长方形，全石刻字共计 370 字。墓主为三国曹魏武将王基，他在抗击吴国和平定叛乱中屡立战功，官至征东将军等职，死后追赠司空，谥曰景侯。直至 1964 年夏，原碑仍镶嵌在洛阳老城东南隅文庙东配殿的西墙上，后从墙上拆下运至石刻陈列馆，现藏于洛阳博物馆。

图 24 王基断碑

　　王基墓碑最大的特点是，碑石仅存下半，碑字亦未刻完，其未着刀处犹可见朱书痕迹。惜因未加保护，书丹之字已经磨灭。它虽然是一块残缺不全的碑，但却成为汉魏时碑刻系先书丹后镌字的有力实证。黄易《嵩洛访碑日记》记载："（嘉庆元年九月）二十日。过白马寺……望双碑凹，一是魏王基碑，一是唐狄府君碑。"[①] 可知王基断碑于乾隆年出土后最初与唐代狄仁杰碑一起立于白马寺山门外的双碑凹。

---

① （清）黄易：《嵩洛访碑日记》，浙江人民美术出版社，2017，第 10 页。

"禁碑令"大大减少了曹魏时期的碑石，其时墓志多仿照墓碑而制，形状比墓碑略小，一般高不过一米，宽不过半米。碑额有圆首或圭首，直立在墓内，不像后世的墓志都是平放的。王基碑为得到朝廷特许奉敕而刻，碑文中有"策镌石表墓，光示来裔"。或许与当时的"禁碑令"有关，碑文没有写明亡者姓名，只记载了居住地、官职爵位、主要事迹和时间，结合《三国志·魏书》等史料，可以推断所记亡者为王基。该碑碑文隶书结法严整，用笔斩截，风神雄健清隽，不少字的形貌已直如楷书，故由云龙《定庵题跋》评其"上托隶源，下开魏齐风范"[1]。

3. 西晋时期墓葬石刻

韩寿墓表（图 25）也称"晋故骠骑将军韩寿墓表"，刻于元康元年（291），清嘉庆时出土于洛阳东郊邙山南麓。墓主韩寿官至西晋散骑常侍、河南尹，卒后赠骠骑将军。墓表为石质圆柱形，因曾被用作井辘轳，故而上下皆残，仅存中段。残表高 113 厘米，直径 33 厘米；铭板呈长方形，高 48 厘米，宽 32 厘米，两边残断，刻隶书 4 行 20 字，其中第 1、第 4 行仅存残笔，内容为"［晋故散骑常］侍骠骑将军南阳堵阳韩［府君之神道］"，现藏于洛阳博物馆。墓表始于东汉，与神道碑异名同物，墓表由三部分组成，下方为础、中间为身、上为立柱，柱顶多装饰有瑞兽等造型。一般被认为也是墓碑的一种，明代时吴讷（1372—1457）在《文章辨体序说》中解释

---

① 东武侯王基断碑清拓未刻跋本，故宫博物院 https://www.dpm.org.cn/collection/impres/231863.html。

图 25　韩寿墓表

"表，明也，标也，标著事绪使之明白以告乎上也"[1]，并将"墓碑、墓碣、墓表、墓志、墓记、埋铭"归于一项。后来的徐师曾（1517—1580）则将"墓表"单列出来详加说明："墓表自东汉始，安帝元初元年立《谒者景君墓表》，厥后因之。其文体与碑碣同，有官无官皆可用，非若碑碣之有等级限制也。以其树于神道，故又称神道表，其为文有正有变，录而辩之。又取阡表、殡表、灵表，以附于篇，则溯流而穷源也。盖阡，墓道也；殡者，未葬之称，灵者，始死之称；自灵而殡，自殡而墓，自墓而阡也。近世用墓表，故以墓表括之。"[2] 现在的韩寿墓表仅存中间的圆柱部分，其仿自木柱或

---

① （明）吴讷、徐师曾：《文章辨体序说·文体明辨序说》，人民文学出版社，1998，第 37 页。

② （明）吴讷、徐师曾：《文章辨体序说·文体明辨序说》，人民文学出版社，1998，第 151 页。

束竹的石柱特征被南朝承袭，在江浙一带现存的墓表石柱中仍然可见。值得一提的是，墓主韩寿是民间故事《韩寿偷香》的主人公，其与《相如窃玉》《张敞画眉》《沈约瘦腰》并为古代四大风雅趣事。

左棻墓志（图26），又称"晋武帝贵人左太冲之妹左棻墓志"，刻于西晋永康元年（300），1930年出土于洛阳偃师。墓志呈长方形，高27.30厘米，宽14.30厘米。阴阳两面共刻89字，内容只有志没有铭，保留了早期墓志碑版特征。墓主左棻是晋武帝妃嫔，文学家左思之妹，《晋书》有传。根据志文，基本可以确定晋武帝峻阳陵和晋惠帝崇阳陵之所在，为进一步查明西晋帝陵提供了重大线索。

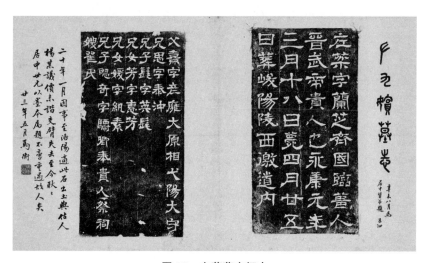

图 26　左棻墓志拓本

4. 北魏官宦墓志

穆亮墓志（图27），全称"太尉领司州牧骠骑大将军顿丘郡开国公穆文献公亮墓志铭”，1925 年秋发现于洛阳城东北西山岭头西南处。入窆于北魏景明三年（502）六月廿九日。志石高 66 厘米，宽 59 厘米。志文正书 20 行，满行 22 字。同时出土的还有穆之妻尉太妃墓志。穆亮夫妇墓志一并为于右任购得收藏，与其他六对北魏夫妇合志并称“鸳鸯七志”，现藏于西安碑林博物馆。

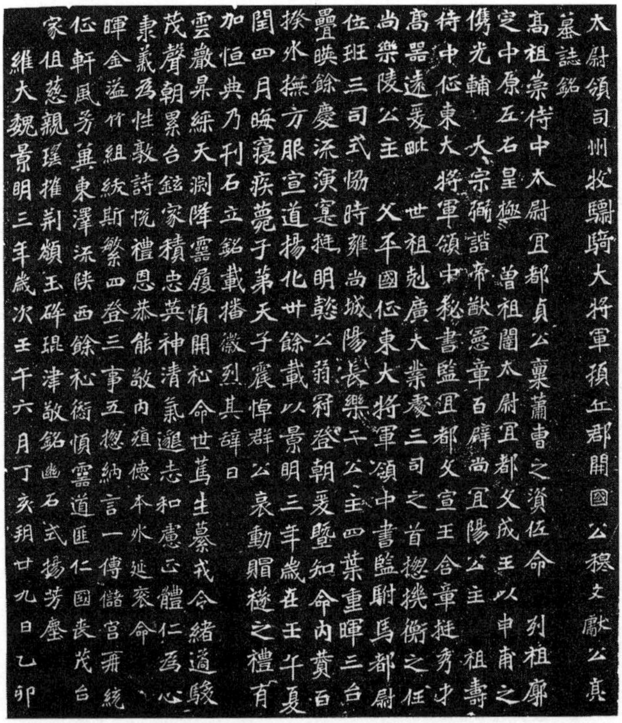
太尉領司州牧驃騎大將軍頓丘郡開國公穆文獻公亮
墓誌銘
高祖崇侍中太尉宜都貞公稟蕭曹之資佐命列祖廓
定中原 左右皇極 曾祖闥太尉宜都文成王以申甫之
儁光輔 大宗彌諧帝猷邕章百辟尚宜陽公主祖壽
侍中征東大將軍領中秘書監宜都文宣王含章挺秀才
高器遠爰毗 世祖勳廣大業處三司之首總機衡之任
尚樂陵公主 父平國征東大將軍領中書監駙馬都尉
位班三司式協時雍尚城陽長樂二公主四葉重暉三台
疊映餘慶流演寔挺明懿公弱冠登朝爰暨知命內贊百
揆外撫方服宣道揚化卅餘載以景明三年歲在壬午夏
閏四月晦寢疾薨 天子震悼群公哀動賵襚之禮有
加恒典乃刊石立銘載播徽烈其辭曰
雲徹昇緜天淵降靈履慎開祕命世篤生纂戎令緒道駿
茂聲朝累台鉉家積忠英神清氣邈志和慮正體仁為心
秉義為性敦詩悅禮思恭能敬內殖德本外延來命
暉金溢竹組紱斯繁四登三事五總納言一傳儲宮再統
征軒風勇異東澤流陝西餘祕衛慎靈道匪仁國喪茂台
家徂慈親瑤摧荊穎玉碎琨津敬銘幽石式揚芳塵
維大魏景明三年歲次壬午六月丁亥朔廿九日乙卯

图 27　穆亮墓志

寇臻墓志（图 28），全称“幽郢二州寇使君墓志”，刻于北魏正始三年（506），1918 年洛阳城东拦驾沟出土。志石高 69 厘米，宽 56.5 厘米。正书 18 行，满行 23 字。寇臻墓志的书法劲健，骏爽俏丽，是魏碑中的佼佼者。原石为腾冲李根源所得，毁于抗日战争时期，所幸有拓本留下。

寇臻墓志之所以享誉较高，最大的原因在于出土时有盖，上题"幽郢二州寇使君墓志"，是现在能看到的最早的墓志盖。早期墓志形制不定，北朝以后逐渐出现了上下两层的墓志，底部墓志铭，称志石；盖上刻有标题，称志盖。志盖一般是用来覆盖志石以保护墓志铭文不受损坏。为了更好地保护墓志，墓志盖一般比较大且比志石要厚，可以覆盖整方墓志。

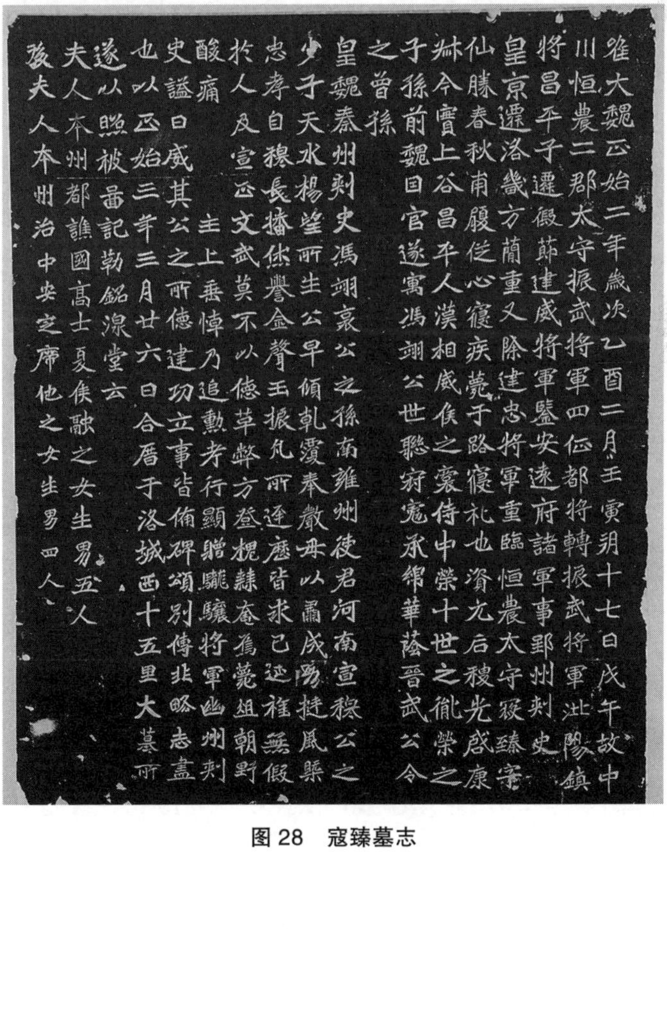

图28　寇臻墓志

这个阶段墓志已经基本成为丧葬中的一个必备要素，形成固定成熟的格式，即清人王行总结出来的"十三事"："曰讳，曰字，曰姓氏，曰乡邑，曰族出，曰行治，曰履历，曰卒日，曰寿年，曰妻，曰子，曰葬日，曰葬地。"[1] 排列顺序可以变化，内容也可以更丰富，避免完全程序化，但这些要素基本上是墓志的必备事项。传统的墓志由"序"和"铭"两部分组成。"序"记述志主的基本信息和生平，行文长短不一，有几百字的，也有几千字的。而"铭"则比"序"短得多，它用诗句概括再现"序"的内容，辅之以表达悼亡和思念的典故。墓志趋于规范化，以正方形志石与覆斗形志盖相结合的盝顶盒式墓志逐步定型。

5. 北魏元氏墓志

北魏孝文帝迁洛之后，强力推行改用汉姓、与汉人通婚等汉化政策，使鲜卑族群在较短的时间内融合到中华民族大家庭里。在改制中迁洛官民不得北葬等系列汉化政策的影响下，洛阳出土大量北魏元氏皇族墓志，具有鲜明的族群性、地域性和时代性。

元显儁墓志（图29、30）的墓主元显儁是"景穆皇帝之曾孙，镇北将军、冀州刺史、城阳怀王之季子"，北魏宣武帝延昌二年（513）窆于洛阳瀍涧之滨，1918年在洛阳姚凹村出土。该墓志石为灰石质，通高35厘米，长75厘米，宽56.5厘米，上有志盖，用阴线刻满多边形的龟甲纹样，中央阴刻正书"魏故处士元君墓志"，一行八字，为较早的楷书志盖。下面镌刻着正书志文，计19行，满行21字，共

---

[1] 朱记荣编《金石全例》，北京图书馆出版社，2008，第257页。

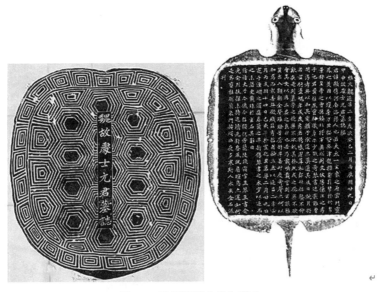

图 29　元显儁墓志盖与墓志

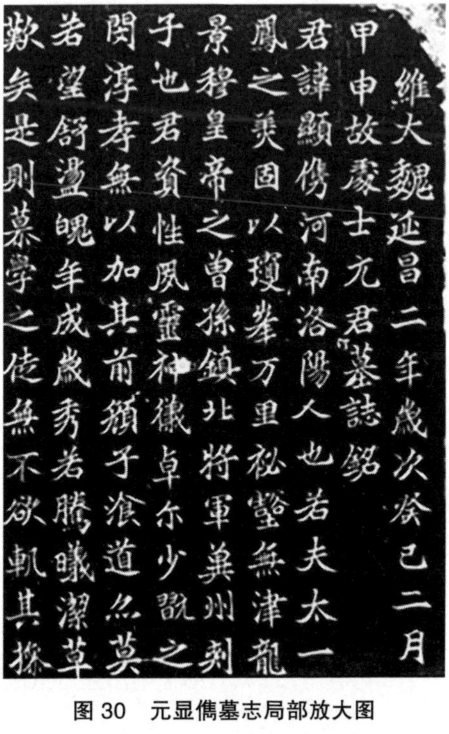

图 30　元显儁墓志局部放大图

357字全部保存完好，没有缺损。志盖和志文上下相合为一个完整的石龟形状，首尾四足毕具，造型生动。此碑笔法饱满，受南朝书法影响，楷意已趋成熟，书风圆润典雅，结构精整秀逸，现藏南京博物院。

元显儁墓志象征长寿的龟形，是北魏墓志中独一无二的特殊形制，体现了家人对这个十五岁早殇皇族少年的哀思。志名题署"处士"表示志主无官爵仕宦事迹，开创了碑志中这一称谓的先例。志文秉承汉魏南北朝墓志的体例，有序有铭，"痛春兰之早折，伤琴书之永岁"等词句辞彩华美，感情丰沛。

比较著名的元氏墓志很多，如元焕墓志盖（图31），盖长63厘米，宽66厘米，刻于北魏正光六年（525），出土于洛阳，于右任旧藏。盖题阳文篆书5行25字："魏故宁朔将军谏议大夫龙骧将军荆州刺史广川孝王墓志铭。"此盖书迹在结构与某些偏旁处理上富于情趣，圆转和变形有一种特殊的美感。

还有刊刻于北魏建义元年（528）的孝文帝之孙元昭墓志（图32），以及元飏、元绪、元羽、元详、元瓛等墓志，内容丰富，反映北魏时期的重要史实，也折射北魏诸多社会问题的形成、发展及内在联系。从中可以窥见鲜卑贵族文化素养的提高、民族间文化的融合以及民族融合对鲜卑族身份转换的影响。

6. 唐代汉人墓志

张说墓志（图33、34），全称"唐故尚书左丞相燕国公赠太师张公墓志"，刊刻于开元二十年（732），1999年出土于洛阳伊川县吕店乡万安山南麓袁庄村，现藏于洛阳博物馆。墓志为青石质近方形，志盖盝

图 31　元焕墓志盖拓本

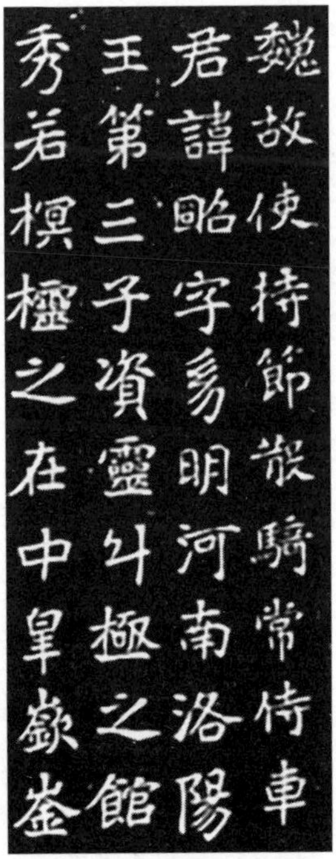

图 32　元昭墓志拓本局部

图 33　张说墓志盖与志石

图 34　张说墓志局部

顶，高53厘米，宽52厘米，边厚5厘米。盖顶篆书"唐赠太师燕文贞公张公墓志"4行12字。顶部四边及四刹饰变形蔓草纹及雄狮、青龙和奔马图案。志身高80.8厘米，宽80.4厘米，厚16.5厘米。石面有浅线界格，志文隶书32行，满行33字，共936字。志主张说是西晋司空张华后裔、唐代名相，两《唐书》有传，是推动"开元之治"的重要人物。

张说墓志中明确记载撰文、书丹、刻石者姓名，从中可知志文由亦为开元名相的张九龄撰文，书法名家梁升卿书丹、卫灵鹤刻石。体现了唐代墓志题款逐步完善的现象，有相关参与制造者的署名，帮助我们更好地理解墓志内容，认识墓主的一生。

刘致柔墓志（图35），全称"唐茅山燕洞宫大洞炼师彭城刘氏墓志铭并序"，立于唐大中六年（852），1929年洛阳望城岭村出土。志石长63厘米，宽65厘米。志主刘致柔是李德裕妻子，卒于李德裕被贬的崖州，死后从海南移河南北邙山李家祖茔。此墓志志文由李德裕亲自撰写，志石现藏于洛阳千唐志斋博物馆。

唐代的科举选才，吏部铨选有"书、言、身、判"（样貌、言辞、书法、判案能力）四种标准，但实际操作过程中常常出现以书判取士的现象，加上唐玄宗善八分书，所以唐代以工美为尚的隶书兴盛，士大夫习字作书带有科举习气。唐代墓志以楷书为主，隶书风格也十分突出，从墓志可以看到唐人精熟工美的书法风格特征。

7. 唐代域外人士墓志

东汉时洛阳城里就有域外人士，张衡的《东京赋》中描写的

图 35 刘至柔墓志拓本

"惠风广被，泽洎幽荒。北燮丁令，南谐越裳，西包大秦，东过乐浪。重舌之人九译，金稽首而来王"[1]，反映的就是外国使节和翻译云集洛阳的景象。北魏统一中国北方后，外国商人、使节更是沿着丝绸之路纷至沓来，杨衒之的《洛阳伽蓝记》记录了在洛阳城外伊河、洛河之间的御道东设立接待外国商人、使节的金陵馆、燕然馆、扶桑馆、崦嵫馆"四馆"。洛阳的国际都市性质在唐代发展到

---

① （清）严可均编《全上古三代秦汉三国六朝文·全后汉文》卷五十三《张衡·东京赋》，中华书局，1958，第767a页。

巅峰，很多外国人因求学、经商、当官，或从事文化、宗教等活动生活在这里，洛阳也出土众多域外人士的墓志。

安菩墓志（图36）全称"大唐定远将军安君志"，1981年出土于洛阳龙门东山。边长45厘米，盖为盝顶，上刻9字楷书，四刹和四边皆刻卷草纹。志石呈正方形，志文行楷，22行，满行22字，实有458字。该石质墓志藏于洛阳博物馆。

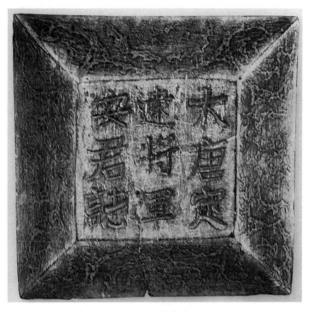

图 36 安菩墓志盖

安菩墓发现于1981年洛阳市龙门啤酒厂扩建工程中，出土文物共129件，包括镇墓兽、天王俑等，还有许多具有胡人特征的人俑，直接反映当时洛阳和丝绸之路的贸易十分繁荣。最具文献价值的是这块保存完好的正方形石质墓志，与史书记载一起，共同向世人展示出大唐定远将军安菩的生平以及其家族上下三代的传奇历史。

安菩来自安息国（今乌兹别克斯坦），与曾在白马寺翻译佛经的安世高是同乡，为西域昭武九姓安国大首领的后裔。安息国是一个夹在突厥和大唐之间的小国，由于突厥屡屡骚扰唐朝边疆，公元7世纪30年代唐王朝发动了平定突厥的战争，安菩的父亲率部下和百姓归顺唐朝，被朝廷敕封为五品定远将军。安菩随父沿丝绸之路来到中国，承袭了父亲的封号，在大唐帝国的定边征战中英勇善战，屡建战功，墓志中有"一以当千，独扫蜂飞之众"之句。

安菩64岁卒于长安，多年后夫人何氏卒于洛阳，其子安金藏于景龙三年（709）将安菩及夫人合葬于洛阳龙门东山。值得一提的是，长眠的安菩被摆成左手握唐朝钱币、右手握东罗马金币的姿势，这既是安菩后人对源自粟特族属的纪念和追忆，也是他们融入汉族传统文化的独特方式。最令人感动的是，安金藏深谙儒家孝道，"庐于墓侧，躬造石坟石塔，昼夜不息"[1]，可见久居中原的西域人士后代已经完全接受了华夏文化。

泉男生墓志（图37），全称"大唐故特进泉君墓志"，刻于唐调露元年（679），1921年在河南洛阳城北东岭头村出土。墓主泉男生是高句丽末期独裁者盖苏文之子，继任最后一任莫离支[2]，总管高句丽各部，因宫廷斗争降唐，后协助大唐灭掉高句丽。志石为91厘米×91厘米的正方形，青石质，雕刻精美。盝顶盖上篆书"大唐故

---

[1]（后晋）刘昫等：《旧唐书》卷一百八十七上《安金藏列传》，中华书局，1975，第4885页。

[2] 莫离支是高句丽政权后期握有实权的一种最高官职，职能已超出宰相的性质，具备专制权臣为篡夺王位而自设的临时性特殊官职的特点。

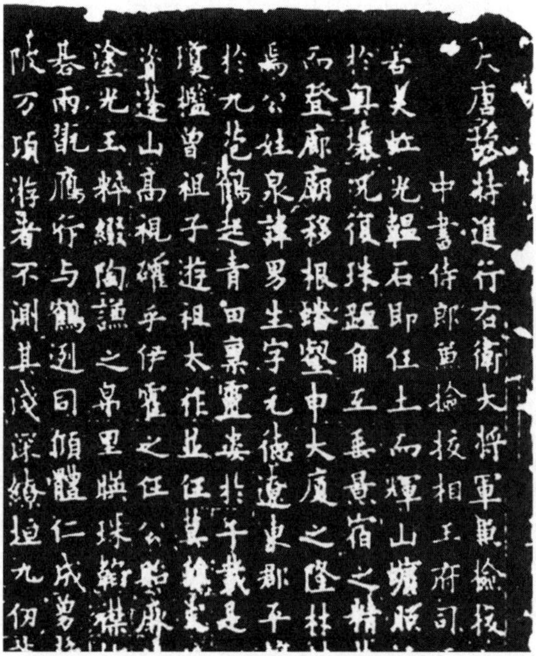

图 37 泉男生墓志拓本局部

泉君墓志"，题字四周的平面、斜面和侧面均刻有缠枝花卉，并夹有三十二只惟妙惟肖的腾跃狮子图案。志文正书，凡46行，满行47字，加方界格，由欧阳询之子欧阳通书写，书法严整苍劲，今藏河南博物院。

作为入唐高句丽移民的泉男生及其子泉献诚等人墓志的发现，丰富了文献史料已有的内容，弥补了以往研究中的诸多空白，成为探讨唐代东北民族史、唐与周边民族国家融合发展史无可替代的史料。

阿罗憾墓志（图38）全称为"大唐故波斯国大酋长右屯卫将军上柱国金城郡开国公波斯君丘之铭"，刻于唐景云元年（710）。清朝末年出土于洛阳东南郊高崖村南，金石学家端方（1861—1911）购得此志，在《陶斋藏石记》中刊布了墓志内容，这方墓志字迹不是很清楚。①

图 38　阿罗憾墓志拓本

　　阿罗憾墓志铭全文不长，但反映的内容极其重要。根据志文，墓主阿罗憾具有波斯王族血统，是波斯移民领袖，唐高宗任他为羽林军将军，派遣他出使蕃域，他功勋卓越，后帮助武则天营建天枢。学界对此人非常重视，进行了多方面的考证。根据富安敦（A. Forte）极具说服力的考证，显庆三年（658）唐朝打败西突厥并占领西域后，以阿罗憾为"拂林国诸蕃招慰大使"，到中亚宣传唐朝声威，并且在拂林（指吐火罗地区的 Khulm）西界立碑而还。[①]饶宗颐、朱杰勤、姜伯勤、佐伯好郎、石田干之助等中外诸多学者都认为，志文中的拂林是指东罗马帝国，而日本学者榎一雄等认为，阿罗憾碑上的拂林不一定是拜占庭，有可能是玄奘《大唐西域记》中的忽懔，即今天的阿富汗地区。有人据阿拉伯史学家麦斯欧迪《黄金草原》的记载中波斯萨珊王朝（公元 264—652 年）末代国王伊嗣俟三世有两个儿子，认为阿罗憾即卑路斯的弟弟，两人均担任波斯国大酋长。[②]另外，关于阿罗憾是否为景教徒也是中外学者争论的焦点，赞成他是景教徒的中外学者包括羽田亨、佐伯好郎、桑原骘藏、张星烺、向达、罗香林、蒲立本、石田干之助、饶宗颐、谢海平、朱谦之、方豪、朱杰勤、姜伯勤、林梅村等；反对或质疑的则包括榎一雄、岑仲勉、伊藤义教、富安敦、达菲纳、塞雷蒂、吴昶兴等，其中罗香林、朱谦之等认为阿罗憾即《大秦景教流行中国碑》"所云于武则天时为景教效力之僧首罗含"的同名异译。若此说成立，阿罗憾墓志铭的重要性就是一般景教徒墓志所不可比拟的。总之，阿罗憾墓志的记录为唐代丝绸之路考古、营建天枢史事提供了重要资料，其对天枢制造的记录在世界冶金史上也有重要地位。

历代出土墓志中，唐代墓志的数量最多，而河洛地区出土的唐代墓志数量远远高于其他地区。目前发现的洛阳出土外国人墓志包括粟特人、波斯人、高丽人、日本人等，表明唐代在洛阳居住着数

---

① 荣新江：《波斯与中国：两种文化在唐朝的交融》，《中国学术》2002 年第 4 期，第56~76 页。

② 郑桢富：《天枢最后的秘密》，《洛阳日报》2014 年 9 月 17 日，第 9 版。

量相当多的外国人，他们中有前代进入中土的外国人后裔，也有因外交、经商、留学等原因入唐的。这些外国人的大量存在给唐代社会生活带来了胡服、胡乐、外来宗教、外来器物等，增添了城市的异域文化色彩，也给中华文化加入了外来元素。同时，他们在道德观念、婚姻、丧葬习俗等方面表现出明显的华夏文化认同。

8. 宋代墓志

富弼墓志（图 39），也称"富公墓志铭"，2008 年在洛阳史家屯村的抢救性发掘中获得。志盖方形，盝顶，青石质，断裂，四边及四刹阴线刻有龙凤纹和卷云纹饰，顶部纵五行大篆体书"宋开府仪同三司守司徒致仕韩国公赠太尉谥文忠富公墓铭"，底边长 1.42 米，顶边长 1.14 米，厚 0.2 米。墓志为青石质，边长 1.41 米，厚 0.3 米。志面文字阴刻，楷书，由当时的资政殿学士通仪大夫韩维

图 39　富弼墓志盖

撰文，端明殿学士兼翰林孙永书丹，首行题"宋故开府仪同三司司徒检校太师武宁军节度徐州管内观察处置等使徐州大都督府长史致仕上柱国韩国公食邑一万二千七百户食实封肆仟玖佰户赠太尉谥文忠富公墓志铭并序"。纵85行，满行84字，计6595字。[①] 此墓志的志盖"宋开府仪同三司守司徒致仕韩国公赠太尉谥文忠富公墓铭"为极其罕见的司马光亲笔篆书书迹。

墓志志文鸿篇巨制，居洛阳地区出土碑志之冠，在中原地区乃至全国都十分罕见。同时出土的还有富弼家族其他人的墓志共14方。内容丰富，涉及北宋中期许多重大历史事件，文辞优美，书法兼具楷、行、篆、隶，是探讨北宋中后期的政治、经济、文化、艺术等方面的重要实物资料。墓志让我们能深入了解北宋名臣富弼的更多层面，比如史书有载，宋神宗践祚后询问边事，富弼对曰："陛下临御未久，当布德行惠，愿二十年口不言兵。"[②] 因此，后人对富弼的评价一般是政治家、外交家。然而学者通过详细分析其墓志志文，发现富弼虽非亲临一线领兵作战的军事统帅，但具有丰富的军事思想，主要表现为："统筹整体军事布局；统筹国防建设、经济发展与社会治安；居安思危，积极备战；反对宦官监军；理顺军事管理体制；师出有名和反对行刺等。"[③] 随着富弼家族墓志的重见天日，有着清晰军事构想和认知，还能根据北宋实际情况，主张优先发展国力、不轻言战事的名相富弼才真正被千年后的世人了

---

① 洛阳市第二文物工作队：《富弼家族墓地发掘》，《中原文物》2008年第6期，第4~16页。

② （元）脱脱：《宋史》卷三百一十三《富弼列传》，中华书局，1985，第10255页。

③ 王东洋：《北宋宰相富弼军事思想探讨——以洛阳新出富弼家族墓志为考察中心》，《河南科技大学学报》（社会科学版）2012年第3期，第5~8页。

解。我们才会理解富弼在洛阳寿终正寝后，为什么值得宋哲宗皇帝亲自题写"显忠尚德"、大学士苏东坡撰文纪之。

9. 明代封藩洛阳王墓志

洛阳在明代仍为中原要地，作为明朝藩王封地长达 250 年。明太祖朱元璋在洛阳设置河南府，并洛阳县兼置河南卫。明代初期朱元璋二十五子朱㭊就藩洛阳，称伊王，谥号厉。朱㭊后代子孙继承王位，共五代七王，直到明神宗时期福王朱常洵就藩洛阳。伊王及后裔、福王的墓葬先后被发现，相关墓志也在邙山等地相继出土。

朱常洵墓志（图 40），即"大明福忠王圹志"，刻于崇祯十六年（1643），1924 年在洛阳孟津县麻屯乡庙槐村南出土。志高 79 厘米，宽 79 厘米，厚 10 厘米；楷书，22 行，满行 25 字。四边线刻飞龙纹，盖为盝顶，篆书"大明福忠王圹志"。撰文者为福王朱常洵之子、后建立南明政权的弘光帝朱由崧。墓志现收藏于孟津县龙马负图寺。

明代封藩洛阳王墓志，具有重要的补史、纠史价值。虽然伊王、福王及其后裔在《明史》中都有记载，但比较简略，出土墓志可对伊王世系等加以补充。[①] 特别是朱常洵作为明朝开国皇帝朱元璋第十一代孙、明神宗朱翊钧第三子，也是明思宗朱由检的叔父，墓志文字记述了他的生卒、册封以及李自成攻克洛阳的具体日期，也为福王的尸体去向提供了线索，意义重大。

---

① 黄明兰：《明朝伊藩王世系补正》，《河南师大学报》（社会科学版）1980 年第 3 期，第 42~49 页。

图 40 朱常洵墓志

河洛地区出土的墓志洋洋大观。据日本学者气贺泽保规统计，以截止到 2012 年公开发表的墓志可以算出洛阳地区唐代墓志共 4016 件。[①]其他时代的墓志数量尚无确切统计数字，但就目前所掌握的资料可以肯定，洛阳出土墓志数量当为全国之最。以上主要从墓葬石刻发展演变的角度，选取洛阳出土历代较有代表性和特色的墓葬石刻进行了简要介绍。从中可见，由禁碑令促生的墓碑到墓志的演变，以及墓志形式、形制、铭文内容，包括石刻技术的发展变化，都在河洛地区古代墓葬石刻中有清晰体现。

---

① 〔日〕气贺泽保规编《隋唐洛陽と東アジア——洛陽学の新地平》，法藏馆书店，2020，第 17 页。

儒、释、道杂糅的死亡观念——以单信墓志为例

河洛地区的墓志，除了作为补史、纠史的石刻资料以外，也应当是发现古人精神世界的钥匙。因为"属碑之体，资乎史才，其序则传，其文则铭"[①]，墓志与其他文章不同，显哀荣、尽礼俗，与人的生命的结合最为紧密。一方面，作为实用性应用文体，要求碑志写人记事须真实准确；另一方面，它承载强烈的个人情感，作为"本葬时所设"的纪功颂美的工具，悼词和评价难免有虚饰甚至谀墓现象。正因为其复杂，所以更能反映中国人对死亡的态度。

从华夏文明肇始之初的夏商周三代起，河洛地区就是群居人类最集中、文化经济最发达的地区之一，也是墓葬最集中、迄今为止发现古代墓志最多的地方。无数铭刻着文字的墓志与逝者共同深埋于地下，由于各种原因，重见天日的墓志数量难以精确统计，若加上刑徒砖的话，粗略估计应有近万件。雨果说，每一个十字架下都埋藏着一部长篇小说，意思是每个去世的人都走过了属于自己的波澜万丈的人生，大地掩埋所有的善恶是非。如果没有记忆和历史，一切都将显得虚无，还好有石刻为我们留下历史和记忆。刻在石头上的墓葬铭文就是逝者人生长篇小说的索引，或简或详地记录着逝者的生平，涵盖其婚姻家庭、人品操行、行为思想，折射当时的地方风俗、时代风尚。

能青史留名的人毕竟是极少数，绝大多数人都消散在历史的长

---

① （南朝）刘勰：《文心雕龙译注》，齐鲁书社，2009，第212页。

河中，这些石刻墓志最宝贵的地方就在于留住了那些"绝大多数人"的些许痕迹，让后世有机会窥见。尽管能留下墓碑、墓志的也只是少数，尽管留下的只是片鳞半爪，却弥足珍贵，其中不仅有个人的生命故事，也有大时代的起承转合。

单君墓铭

君讳信，字叔孙，洛州河南人也。其先祖周之苗裔，封单甫之地，因而命氏；族出博陵，随宦至此，遂乃居焉。故得世传黼黻，弈叶衣缨。曾祖徽，魏太尉公；祖蜡，齐东郡太守；父瑜，器度弘深，羽仪当世。君幼而聪令，性苞六艺之机；长识诗书，晓通三惑之俊。不谓志轻缨冕，高蹈风云，心悟寂灭之文，归身伽蓝之际。望得息志归田，共乡闾而听习，岂谓石火难留，奄随朝露，春秋六十有三，以永徽二年岁次辛亥六月癸亥朔终于私第。即以其月廿二日葬于北邙山阳，去州城七里有余，金墉乡之地，礼也。况乎风光易陨，淑景难留，物气推移，叹兹存灭。川流东海，波无返激之期；夕景西沉，影绝还晖之照。呜呼哀哉！乃为铭曰：

赫矣盛族，出自有周。因地命氏，支庶分流。惟君嗣此，德誉无违。身住伽蓝，永润光晖。日落高峰，云归邃谷。君从长逝，奄随风烛。[①]

---

① 单信墓志现藏于洛阳千唐志斋博物馆，释文录自周绍良主编《唐代墓志汇编》（上），上海古籍出版社，1992，第147页。

　　这是一件出土于北邙山的一块边长 35 厘米、宽 35 厘米的志石（图 41）。有志盖，上题"单君墓志"四字篆文。墓志上整齐地铭刻 18 行楷书文字，满行 17 字，内容形式都相对完整。从中可以得知墓主是一位姓单名信的世家子弟，虽然出身望族，但并未入仕，因而没有什么功名，也不涉及重大事件和重要人物；享年六十三岁，在平均寿命极低的古代算是寿终正寝。在河洛地区数以千计的唐代墓志中，这只是一方极其普通的墓志，由于缺乏突出特点，除了被收录在资料集以外，几乎没有被任何相关研究提起过。但笔者以此为例，也正是由于它和其他众多墓志存在同质性，再加上相对保存

图 41　单君墓志铭拓本

完好，可以视作古代来自大多数平凡人人生的缩影，从中可以窥见唐代普通中国人对生命和死亡的理解。

单君墓志的内容不长、中规中矩，仔细看来却能发现很多微妙之处。首先介绍出身、家族渊源、父辈祖辈的信息，从中可知单信一族祖上也算是来头不小，其曾祖父曾经官居高位，担任太尉职务，祖父担任一郡之首。但是对其父的介绍只有"器度弘深，羽仪当世"，可见其父没有官职，这样的评价应该只是一句虚赞。因为在我们的文化语境中，对逝者的尊敬常通过"死者为大"的观念体现出来。除了罪大恶极之人，通常情况下，死亡会为离世的人平添一重光辉，增添人们对高尚之人的尊崇，削弱对卑劣之人的憎恨。尽量用尊重的语言体面介绍死者，也是中国文化的一种特有的善良或者说"仁"的形式。

其次是对单信本人的描述："君幼而聪令，性苞六艺之机；长识诗书，晓通三惑之俊"。"六艺"有两个所指，一是礼（礼节）、乐（音乐）、射（射骑技术）、御（驾驭马车）、书（书法）、数（算数）六种基本才能，二是六经，即《易经》《尚书》《诗经》《礼记》《乐经》《春秋》，无论哪个，都是儒家的核心技能或经典思想；"三惑"通常指酒、色、财三种惑人之物。这句话自然也不乏对死者的抬赞之意，但他即便没有那么聪明通透，至少儒生出身应该是一个不争的事实。

有家世渊源又优秀能干的单信为什么没有踏上仕途、功成名就呢？志文里做了解释：他"志轻缨冕，高蹈风云"，无心功名，所以"望得息志归田，共乡间而听习"。最关键的是，"心悟寂灭之文，归身伽蓝之际"，也就是他参透佛理，皈依了佛门。文中完全没有提到他的配偶和后代，很可能也是因为他寄身佛门，终身未曾婚配。

随后介绍了他离世的年龄、时间、地点等基本情况，并发出议论："况乎风光易阴，淑景难留，物气推移，叹兹存灭。"前半句感慨时间过得太快、美好的东西易逝，后半句叹息生死无常。用物气的推移感叹生命存亡，明显来自庄子"人之生，气之聚也；聚则为生，散则为死"①的思想。"以气为本原"是道家思想的核心范畴，庄子提出万物皆为一气之变化，并以气之聚散解释人的生死，自然界"无形之物"与"有形之体"处于不断的转化之中，所以方死方生，死与生都是自然规律。

与那些被学界重视、反复被研究的重要名人墓志不同，单信作为一个从父辈起家境就已经中落、没有任何政治身份和特殊地位的普通人，甚至连直系亲属和后人也没有，他的墓志志文完全不存在为尊者讳或避嫌某些敏感事件的曲笔，歌功颂德谀墓之文的成分也是极少的，文中所用褒扬之词仅是"死者为大"习俗的体现。总之，单君墓志和众多中下层平民的墓志一样，以非常自然的状态描述了一个人的生平，也较为真实地折射他本人以及那个时代的普遍思想与社会风尚。

以单君墓志为例，可以透见中国人面对死亡时复杂而微妙的态度，儒、释、道三种文化的影响都很明显，最后的铭文再次印证了这一点。"赫矣盛族，出自有周。因地命氏，支庶分流"，强调的是封建宗法世系的身份关系，"惟君嗣此，德誉无违"是对逝者道德层面的肯定，这几句是儒家思想的体现，尽量保存完整的世代亲

---

① （清）郭庆藩：《庄子集释》卷七下《知北游》，中华书局，1961，第733页。

属关系体系以及提倡仁义道德都是儒家礼教的核心内涵。"身住伽蓝，永润光晖"陈述逝者生前潜心向佛的行为，以及身心愉悦的精神状态。"日落高峰，云归邃谷"，既是自然规律，也蕴含着一种美，表现生死交替如日落云归般自然，体现道家对待死亡的洒脱平和。最后的"君从长逝，奄随风烛"在客观地陈述事实，似乎还带有一种中华民族特有的朴素科学精神。

据说人类是唯一能够意识到自身终将死亡的动物，世人对生死问题的思考是出于敬畏死亡的本能驱动。相对于"死"，中国文化更注重"生"，一直在尝试以不同的方式追求"肉体上的永生"或者"精神上的不朽"。余英时认为生的观念在古代中国人的思想中占据独一无二的位置，"生"字在先秦文献中广泛出现，便充分证明了这一点。可以说，中国哲学的大多数学派在奠基阶段都以"生"的观念作为出发点。我们甚至可以这样说，这些哲学流派各不相同的原因主要是由于其创始人从不同的角度来看待生的问题，相应地做出不同的解释。①

面对未知的死亡，儒家重视现世人间的社会理想而淡化死亡，主张"朝闻道，夕死可矣"，用个人的道德修养去对抗和超越生死。"子不语，怪、力、乱、神""务民之义，敬鬼神而远之""未知生，焉知死"……这种强调积极面对现世的心态，对整个民族的人生态度都起到了重要的导向作用，也造就了深受儒家文化浸染的士大夫阶层普遍追求"舍生取义""人生自古谁无死，留取丹心照汗青"的理想准则。

---

① 余英时：《东汉生死观》，侯旭东译，上海古籍出版社，2005，第18页。

道家对于生死的态度看似比较淡定，完全把死亡当作一种自然现象，例如庄子在《庄子·大宗师》中说"死生，命也；其有夜旦之常，天也"①，认为死和生是命定的，它有如黑夜和白天的恒常变化，是自然规律。但其实道家哲学是以"生"的观念为核心建立起来的，两个最重要的概念"道"与"德"，被分别描述为创造与滋养"生"的力量，《太平经》中所谓"道乃主生"，强调生生不息的必要性。道教就是在此基础上衍生出通过炼丹、修炼等方法调节阴阳二气、得道成仙的长生理论。

在中国古代思想中，现世与彼世的对比不如其他文化突出，所以顾炎武、胡适等认为，在汉末佛教传入以前，中国人没有清晰的来世观念。佛教关于生死最核心的观念就是灵魂不灭、六道轮回。佛教教义告诉人们：前世今生互为因果报应，人生在世就是一片苦海，只有成佛才能跳出轮回、彻底解脱。佛教中被认为最中国本土化、世俗化的禅宗追求顿悟，认为此生不值得留恋，只有通过修行达到真正的顿悟才能摆脱生死循环、脱离苦海，涅槃成佛进入极乐世界。

1976 年洛阳邙山脚下出土的卜千秋夫妇墓室壁画（图 42），距今已 2000 多年，它的画面奇幻，色彩鲜明。这是国内发现最早、最完整的反映西汉升仙思想的壁画，描绘墓主人夫妇乘坐神兽升入天界的情景。从中可见，战国末年到汉初中国已有关于天庭和阴间的观念，当时的"现世"和"彼世"想象是与"魂魄二元论"的唯物论观念紧密相连的。

---

① （清）郭庆藩：《庄子集释》卷三《大宗师》，中华书局，1961，第 241 页。

图 42　卜千秋墓壁画

余英时等已经论证，中国人的生死观在佛教传入之前已经沿着儒、道两条主线发展，形成相对牢固的基础，人们对死后世界的信仰并非出于对未来生命的信仰和关心，本质上恰恰是依恋此世的一种极端的表现，"彼世"不过是"此世"现有模式的延伸。[①] 儒家重视的现世精神、道家强调的自然规律长期以来构成中国人死亡观念的基盘，佛教的传入深深影响了中国人的思想和生活，但并没有从根本上改变中国固有的生死观。古代中国人将"死"看作另外一种"生"，"不及黄泉，无相见也"[②]，认为人们死后将会到地下的某

①　"魂魄二元论"认为人的生命由魂与魄共同构成，魂主精神，魄主形体，二者合二为一共同主导人在世间的正常生活。一旦人死，则魂魄离散，魂归于天，魄归于地，各有归途，这也是古来丧葬仪式中有招魂等环节的原因，其思想根源是试图通过召唤死者灵魂回归以达到起死回生的目的。佛教传入后，来世天堂和地狱相对立的观念才得以在中国思想里充分发展。

②　郭丹等译注《左传》，中华书局，2018。

个地方,如黄泉、蒿里之类的阴曹地府继续尘缘,后来甚至模仿世间的政治体系建立起一套冥界阎罗地府官僚系统。

这种认为人死亡后会在另一个世界继续生活的观念,是一种人性化了的死后时间概念,归根结底,体现的还是对现世的强烈依恋。因此,"现世精神",即对此生世俗生活的强烈眷恋,始终既是华夏先民对待"生"的最基本的理念,同时也是对待"死"的最本土化的理念。"事死如事生"正是出于"现世精神",本质上与长寿的世俗欲望是一致的,即试图把现世的生活移植到死后的世界去。

往前追溯,从二里头遗址中发现铜、玉礼器的高规格墓葬,甚至更久远的陶寺遗址墓葬中富有生活气息的随葬品,祭祀活动让亡者享用的牺牲,祖先崇拜祈求庇护等,都可以视作这种观念的源流。在之后的漫长岁月里,这个观念更是始终伴随中国人的思想意识和丧葬活动,古代在墓室里刻画生前的生活场景画面、随葬大量明器,当代为逝者烧纸钱及各种纸扎造型,可以说都是这种观念衍生出来的习俗。虽然佛教的轮回转世、天堂地狱思想在一定程度上影响和丰富了中国人对死亡的认识,但还是未能从根本上改变大众对待死亡的传统理解,更无法动摇丧葬礼制中的相关传统。

刻写墓碑、墓志的习俗本身就是儒家追求"不朽"的表现,重视丧葬与"孝"文化紧密相连。儒、释、道三家生命观的内理不同,都深深影响中国人对待死亡的态度。虽然中国人对死亡的观念涉及甚广,各个时代又有发展变迁,很难总结出一种系统的对死后世界的想象,但从墓葬石刻中可以看到这三种思想文化的碰撞和并存。

以石代金，同乎不朽

对洛阳地区旧石器遗址的研究表明，在数万年前的远古时代这个地区就有人类文化活动的痕迹。土地创造并滋养万物，万物在生命的尽头又重新归于尘土，一代又一代的人们在这里生生不息。或许河洛大地上的人们很早就意识到初生如光明照耀，死亡如黑夜降临的循环。漫长的农业时代人们以耕种为生，在与泥土和石头的接触中发明殡葬制度，为死后世界创建出一个地下暗国。

殡葬是体现社会文化的活动，曾子说"慎终追远，民德归厚矣"[①]，意思是慎重对待去世的人，经常缅怀先祖，民风就会越来越淳厚，儒家把对待死亡的方式提升到了改善民风、维持良性社会秩序的高度。中国古代自商周起逐渐形成了一套等级分明的陵寝制度，陵墓石刻就是陵寝制度和丧葬习俗的重要组成部分。陵墓石刻大致分为地上和地下两类。地上石刻主要是陵园、墓葬前的仪卫性和纪念性石刻。仪卫性石刻是在陵墓前神道两侧按一定的规制置放的石人、石兽等，起着保卫及仪仗作用；纪念性石刻则是为了纪念某个事件而专门雕刻的。

河洛古代陵墓石刻多为古代帝王贵族墓前之仪仗，以石辟邪、石羊、石马、石狮、石天禄、石翁仲以及神道柱等为主，庄严肃穆、威武雄壮，时代自东汉至明清历代皆备。在艺术风格上，唐以前大刀阔斧，线条刚劲有力，气势粗犷而浪漫；宋以后作品细腻典雅，注重写实而内

---

① 刘胜利编《论语·学而》，中华书局，2006，第4页。

敛。如巩义北宋皇陵，虽然陵墓都已被盗，地面建筑也不存，但仍保留了大量的石像蚩立在麦田里，已融入当地人的生活，成为日常的一部分（图43）。

图43 麦田里的宋陵石刻

因篇幅所限，前文只列了单君墓志一例，每个人的人生故事不同，铭刻在石头上的墓志清晰地记录下一个个鲜活的生命，折射出古代中国人的生死观。综合来看，无论平民百姓还是贵胄卿相，甚至异域人士，其墓志志文内容大都糅杂了儒、释、道文化，其中儒家文化气息更为浓厚一些。由于佛教的盛行，河洛地区大量如单信一般信仰佛教多年之人，日常行为均按照佛门教义行事，死后却按照儒家传统礼教仪式入土并根据等级设置墓碑、墓志等，仪式中逐渐引入僧人念经超度等佛教文化元素，佛教葬礼的火葬始终不能取代中国传统的"入土为安"的土葬形式。

"北邙山头少闲土，尽是洛阳人旧墓。旧墓人家归葬多，堆着黄金无买处。"[1] 实际上何止邙山，整个洛阳都是古人争相归葬的风水宝地，龙门山、万安山等都是大型墓葬茔区。"君埋泉下泥销骨，我寄人间雪满头"，这句感动无数人的诗句出自白居易的《梦微之》，古人默认地上与地下自动分成阴阳两隔的不同世界。人们对着土地思考着生死，产生的悠长疑问却没有明确答案，只是一次次在生死循环中溶解于沉重的泥土。

当年风光无限的高陵大墓、嵯峨冢垒大都被盗掘，十墓九空，很多珍贵文物流失散落，最早出版于1939年的《洛阳出土石刻时地记》[2] 反映了民国时期洛阳古代墓葬的盗掘、文物的倒卖和流失情况，令人扼腕。万幸的是还有不易搬运的石质墓志保留下来，成千上万个生命的生平事迹曾被带着追思刻在石头上，展现在我们面前，让今人有机会瞥见各色人物正史记载以外的一面。

中国历史上曾经因为某些特殊原因提倡薄葬，如魏晋时期明令禁止厚葬，要求短丧、不封不树、减少明器等，但纵观历史，"今京师贵戚，郡县豪家，生不极养，死乃崇丧"[3] 的汉、"王公百官，竞为厚葬。偶人象马，雕饰如生。徒以炫耀路人"[4] 的唐，整体来看民间的厚葬之风始终是主流，从秦始皇到清朝皇帝，统治阶层更

---

① （清）彭定求等编《全唐诗》卷二百九十八《王建·北邙行》，中华书局，1960，第3375页。

② 郭玉堂：《洛阳出土石刻时地记》，大象出版社，2005。

③ （汉）王符著，（清）汪继培笺，彭铎校正《潜夫论笺校正》卷三《浮侈》，中华书局1985，第137页。

④ （宋）王溥：《唐会要》卷三十八《葬》，中华书局，1960，第692页。

是每每耗费大量贡赋修建帝陵。究其缘故，还是"事死如事生"观念的影响，人们相信或者希冀此生的生活在死后的另一个世界得以继续，并把这种观念以"丧尽礼，祭尽诚，事死者，如事生"的形式写入《弟子规》，通过教育让子孙传承。

饶宗颐在《远东学院藏唐宋墓志目引言》中言："碑志之文，多与史传相表里，阐幽表微，补阙正误。"[①]出土墓志作为石刻文献，往往具有珍贵的文化、信息价值。比如"白日依山尽"的诗句在中国无人不知，但留下《登鹳雀楼》的诗人王之涣却因官职低微，史书无传。20世纪30年代洛阳出土的王之涣墓志全文共545字，为研究王之涣提供了珍贵的实物资料。还有1926年出土的元桢墓志，距今约1400年，是目前所知刊刻年代最早的北魏墓志，其书写尽显雄奇大气、古拙质朴；李训墓志因书丹者为遣唐使吉备真备而近震惊中日学界，引起海内外争论……

墓志铭记录人的生平，容易掩瑕录美，然而其描述又往往烙印着社会的理性，反映当时的社会文化和道德风尚。静静镌刻在冰冷石头上的字句不仅记录一个生命的轨迹，其中的只言片语还能够炽热地反映出一个时代的气息。因此，无论《古文辞类纂》还是《经史百家杂钞》等，都必会把古人的墓志铭作为重要文体载入其中。尽管对亡人有溢美之词，基本内容还是有可靠可信之处的，是那个时代难得的第一手资料。

大量洛阳出土的墓志因为各种原因流落在外地甚至海外，还有不少原石已毁只有拓本传世。例如刊刻于北魏宣武帝延昌二年（513）、出土于清宣统二年（1910）的元飏墓志以及其妻王夫人墓志，初为武

---

① 饶宗颐：《法国远东学院藏唐宋墓志拓片图录引言》，载《饶宗颐史学论著选》，上海古籍出版社，1993，第545页。

进董康所藏，后为日本人太仓喜八郎购得，1924年毁于关东大地震；又如于右任收藏的"鸳鸯七志"现存西安碑林博物馆等。

所幸辛亥革命元老张钫在洛阳铁门镇营建园林"蛰庐"，专门收藏自西晋、魏以来的历代墓志石刻，现为千唐志斋博物馆（图44）。作为中国唯一的墓志博物馆，珍藏唐及历代墓志石刻一千四百余件。流连在千唐志斋的碑铭之间的感觉，或许就是史铁生谈到用青铜铸造一千个古代士兵的首级，陈于荒野、面向苍天的创意时所说的："我因此常想象那样的场面；我因此能看见那些神情各异的容颜；我因此能够听见他们的诉说——一千种无人知晓的心流在天地间浪涌风驰。"①

图44　千唐志斋一角

无论早早夭折还是寿终正寝，每个人最终都将消逝，墓葬石刻的内在动机是要抵抗遗忘，是世人对逝去斯人的感恩、纪

① 史铁生：《病隙随笔》，人民文学出版社，2008，第84页。

念，也是后世子孙对家谱世系的珍重。用来表明死者身份记录的墓碑、墓志，是记录古代逝者生平事迹的刻石，保留的是某个人和家族最私人的文化记忆。按照文化记忆理论，"拥有"记忆的是个人，但这种记忆是受大环境影响的，因此华夏民族的文化记忆，不仅仅是由官修正史构成的，更是由这些有着具体姓名的个人构成的，他们的生存环境和背后遭际共同构成一个时代的集体记忆。这些墓葬石刻，一直在参与和见证中国式的死亡仪式，体现生者如何看待和纪念亡者，也展示和塑造着华夏文明演进中的中国人的生死观。

既往对河洛地区墓葬石刻的关注，主要集中在历史知名人物和书法上，河洛地区出土的大量普通人的墓志几乎都不为人知，近来《漫长的余生》等著作的出版有望打开一个新局面。

与其说文罗气的一生见证了北魏洛阳时代，不如说是这个时代塑造了她曲折的人生。历史学家在关注宏大时代脉络之余，驻足体味一下那些远离历史舞台中心的普通人的人生，或能对遥远的时代增加一份了解之同情。①

我们关注遥远时代的普通人，是因为他们是真实历史的一部分，没有他们，历史就是不完整、不真切的。我们还应该看到，对普通人的遮蔽或无视，是传统历史学系统性缺陷的一部

---

① 胡鸿：《蛮女文罗气的一生——新出墓志所见北魏后期蛮人的命运》，载武汉大学中国三至九世纪研究所编《魏晋南北朝隋唐史资料》第三十五辑，上海古籍出版社，2017，第97~111页。

分，是古代社会强烈而僵硬的不平等体制决定的。正是因此，我们对那些虽为正史所排斥，却凭借墓志而幸存至今的北魏宫女史料，一定要格外珍惜。①

从以上论述可见，越来越多的研究开始关注到宏大叙事的政治史的间隙，以微小着力点进入宏广视野。相信随着更多的墓志被发现、被关注，从方寸之间偶窥历史变迁，会让日本学者气贺泽保规提出的"为什么古代墓志多集中于洛阳""这种现象是否反映了洛阳在中华文明的世界里'作为思想观念或者说精神层面'的特殊地位"② 等问题被深入探讨并获得答案。

---

① 罗新：《漫长的余生》，北京日报出版社，2020，第 54 页。
② ［日］气贺泽保规编《隋唐洛陽と東アジア——洛陽学の新地平》，法藏馆书店，2020，第 1~24 页。

第六章

龙门石刻：皇权笼罩下的佛光

石刻作为一种媒介，具有质地稳定、易于保存的特性，其所承载的内容能够跨越时间而如实传达。河洛地区的古代石刻中，龙门石刻最负盛名也最为特殊。刻于山崖石坪、坡壁峭岩之上的造像与文字，以天地为景，以山峦为纸，将自然景物与人文景观融为一体，营造出山峦石壁与中国历史相通相融、佛教文化与雕像书法有机结合的文化奇观。

龙门石刻现存洞窟像龛 2345 个、造像 11 万余尊、碑刻题记 2800 余块。从位置上说，龙门石刻营建在山崖、岩石上，属于摩崖石刻；从内容、功能上说，龙门石刻的主题都围绕佛教，属于佛教石刻；从修建者来说，与民间私人石刻不同，修建龙门石刻的主体是不同朝代的统治阶层，其属于皇家石刻；从表现形式来说，龙门石刻包括佛塔窟龛、石刻造像、书法绘画、碑刻题记等，几乎涵盖了石刻的所有形式，能够从不同侧面呈现时代的文化记忆。

进入中原的佛教与石窟

《金石索》曰："就其山而凿之曰摩崖。"[1] 摩崖石刻是起源于远古时代的一种记事方式，是人们在山崖石壁上雕刻出来的富有凹凸感的造像与文字，是我国古代传统的文化形式。具有纪实性、历久性以及开放性等传播特征的摩崖石刻，是千百年来人民群众勤劳与智慧创造的结晶。马衡在《凡将斋金石丛稿》里认为"刻石之特立者谓之碣，天然者谓之摩崖"[2]，在佛教进入中国、进入中原的过程中，几乎所到的每一个地方都有摩崖石刻，每一处摩崖石刻中都有佛陀的身影或佛经的教化，最突出的代表就是在伊河畔龙门山崖开凿出来的龙门石窟。

由于印度缺乏记载历史的传统，关于佛教的起源与传播存在诸多争议，各地域佛教历史文化差异显著，时代的先后、相互间的影响和关系等都不甚明晰。目前达成的基本通识是，佛教创立于公元前 6 世纪，马其顿王亚历山大征服波斯后又征服了印度西北的旁遮普，使得佛教受到希腊文化的影响，公元前 3 世纪孔雀王朝的阿育王立佛教为国教并致力于传播佛教，让佛教逐渐由恒河中上游的地方性宗教向世界性宗教转变。

孔雀王朝后，佛教在印度形成了三种典型建筑形式：塔、寺庙和窟。佛教提倡遁世隐修，加上凿山开窟的形式比较适应当地炎热的气候，早在公元前 3 世纪的阿育王时代，印度就开始盛行选择幽

---

[1] （清）冯云鹏、冯云鹓：《金石索》，浙江人民美术出版社，2018。

[2] 马衡：《凡将斋金石丛稿》，中华书局，1977，第 67 页。

僻之地开凿石窟。佛像形成之前，佛的象征物是塔，所以原始形制的石窟中间有佛塔，僧侣在严格的戒律下于石窟内苦修。石窟群中包含僧房窟，起着和寺院一样的作用，因此石窟也可以叫作石窟寺。

公元前 139 年至公元前 126 年张骞出使西域期间，曾在大夏见到被贩运去的蜀布、邛竹杖，说明当时中印之间已有民间往来，最早期的佛教很可能在西汉末期就经过西域的商队零星传播到过中国。荷兰汉学家许理和曾经写过一本颇具影响力的书，名为《佛教征服中国》。很多人都觉得这个名字有点霸道和夸张，但据说这是译者和作者反复商讨后采用的，因为他们认为佛教深深地植入和影响了中国的方方面面。相比之下，同为世界三大宗教的伊斯兰教和基督教在中国始终是暂时的、边缘的现象，而佛教尽管在其诞生地印度早已式微，却成为中国文化中的恒久力量。[①] 河洛地区是见证了佛教从"初入中国"到"其道大光"的地方。

佛教正式传入中国大约在东汉永平年间，各文献记载的具体年代略有出入，基本上集中在永平十年（67）前后[②]，是以一种梦幻的方式载入史册的。汉明帝梦见一个周身金光闪闪的巨人，头顶发出一圈耀眼的光环，凌空而降，飞到他的宫殿里，默默注视着他。第二天上朝，明帝向身边大臣们讲述了这个梦境，有人告诉他这就是遥远天竺国的佛陀。于是明帝派遣蔡愔等到天竺去求佛经，史称

---

① 〔荷兰〕许理和:《佛教征服中国》，李四龙译，江苏人民出版社，2003。

② 由于古代佛教初传中国的相关资料中存在很多模糊不清、相互矛盾的记载，本书关于佛教的内容，包括佛教进入中国年代、译经过程、人物贡献、宗派等均采取学术界通识性认识，不做深入考证和探讨。

"永平求法"。这是最早的"西天取经"，开启了中国人对佛教的追求和探索。

从洛阳到天竺山高路远，东汉使者利用张骞开辟的路线一路西行，历尽艰险，邀请到当时在大月氏国传教的天竺高僧摄摩腾、竺法兰到东土去讲佛法。前后大约用了三年时间，一行人于公元70年，以白马驮载佛经、佛的画像等返回都城洛阳。北魏郦道元在《水经注》里注解谷水时提到，汉明帝梦佛后云："于是发使天竺，写致经像，始以榆欀盛经，白马负图，表之中夏。故以白马为寺名。此榆欀后移在城内愍怀太子浮图中，近世复迁此寺。然金光流照，法轮东转，创自此矣。"[1]

这个关于佛像的记载，对于研究佛像形成时间点间接起到了证实作用。由此可见，佛教传入中国时，佛的形象已经形成[2]，佛的画像、造像都被用作一种宣扬和信仰佛教的方式。

汉明帝敕令将原本为官署的大鸿胪寺改建为白马寺，这是佛教传入中国后兴建的首座官办寺院，其"祖庭""释源"之称皆来源于此。摄摩腾和竺法兰作为佛教传入中国的先驱者，终生在这里翻译经典、弘法布教，死后也葬在白马寺，守护着自己播下的佛教种子在这里生根发芽。他们在此译出中国第一部汉译佛典《四十二章经》，使用了士人熟悉的儒家道德观念，比如用"善"和"仁爱"来宣讲小乘佛教的解脱教义和戒律。

---

[1]　郦道元著，陈桥驿校证《水经注校证》，中华书局，2007，第399页。

[2]　佛形象的形成时间不明确，一般认为公元1世纪前后的印度贵霜王朝时期，佛教向大乘佛教转变，为了普度众生，佛陀形象逐渐由虚幻向具体转化。关于佛造像起源地，有"犍陀罗起源说"与"秣菟罗起源说"。

继摄摩腾与竺法兰之后，不断有梵僧利用丝绸之路来华弘扬佛法。译经高僧中以安世高和支娄迦谶最具代表性。安世高，原为安息太子，曾游历西域各国，通晓各国语言。东汉桓帝建和元年（147）前后来到洛阳，很快掌握了汉语。当时距离白马寺初建和最早的僧人摄摩腾、竺法兰来汉地传播佛教已过去一百多年，但世人仍然不太了解佛教，多把佛教当成一种神仙方术。安世高认为应当让人们了解佛教，于是萌发了译述佛经的宏愿。他致力于译经二十余年，共译出《安般守意经》《阴持入经》《四谛经》《八正道经》等 30 多部佛经，多为小乘禅数"阿毗昙"之学，是中国早期传译小乘思想的第一人。他对佛教的传播贡献卓著，是中国早期佛学流布的奠基者。

支娄迦谶（简称"支谶"），大月氏人，桓帝末年游化至洛阳，灵帝时译出经典 14 部 27 卷，皆为大乘之学，以《道行般若经》《首楞严三昧经》《般舟三昧经》最为重要。《道行般若经》乃中国般若系经典最早的译本，后来魏晋玄学兴起，般若思想能相应盛行，此经居启蒙之大功；《首楞严三昧经》《般舟三昧经》是介绍大乘禅观的著作。其中，《般舟三昧经》又为阿弥陀佛信仰传入汉地的开始。支谶的译典，为后世大乘佛教的发展奠定了扎实的基础。

《开元释教录》载，从桓帝到献帝（189~220）的三十余年中，共有佛教经典 187 部、379 卷在洛阳白马寺译出。三国魏甘露三年（258），龟兹人白延又在白马寺译出小乘部《除灾患经》一部和大乘部《无量清单净平等觉经》两部。可以说中国一开始所接受的佛教来自译经，大乘小乘二系兼具，这也成为佛教初传中国的特色之一。

　　印度佛教通过丝绸之路进入中土，在洛阳扎下根来，白马寺成为汉传佛教的源头。在战乱频发、人如草芥的时代，佛教为在苦难中挣扎的芸芸众生提供了心灵慰藉和一整套修身方法，开始影响到越来越多的中国人。

　　正始玄风兴起时，在洛阳聚集着很多玄学名士和译经传教的西域、印度僧人，般若学与玄风互相激荡，深得君王、名士之心，大乘佛学得以迅速传播。他们使用道家或玄学观念去格义印度大乘般若学，由于强调的重点各有不同，形成了中国大乘般若学六家七宗的不同流派。学者金观涛、刘青峰认为佛教进入中国分为三个阶段，此时是中国文化用道家或玄学观念去格义佛经，只是亲近和接受佛教必经的第一步。[①]

　　在这个阶段，中国版图上最早期的石窟开始出现在今日的新疆一带，主要分布在汉代西域龟兹国和高昌国等地。[②]佛教主要从西域沿着丝绸之路传来，石窟这种弘扬佛教的形式也通过丝路逐渐向中土渗入。于前秦建元二年（366）开凿的敦煌石窟，作为玉门关内的第一个佛教石窟，拉开了真正意义上的中国佛教本土石窟的序幕。

　　南北朝到隋唐五代时期是佛教在中国大发展的阶段，在众多为了弘法布道、甘愿为了信仰去国离乡的僧人的热忱努力下，佛教从狭窄的小圈子流溢到广阔的世界中。

　　中天竺（今印度）人昙河迦罗（其名有时意译为"法时"）于

[①]　金观涛、刘青峰：《中国思想史十讲》（上卷），法律出版社，2015。

[②]　如新疆拜城的克孜尔千佛洞、库车的森木塞姆石窟、吐鲁番的伯兹克里克石窟等，始凿于1世纪到4世纪。

三国魏嘉平二年（250）来到洛阳，发现虽然当时信佛的人不少，但中土还没有正规的戒律，也没有戒度的仪式。僧人们主动请他翻译并规范佛教戒律，昙河迦罗在白马寺译成《僧祇戒心》（即《大众部戒律节要》），并建立戒坛，集众僧受戒，中国佛教具足戒度僧制度自此而始。

当时正在洛阳的颍川人朱士行少年立志学佛，率先登坛受戒，成为我国历史上汉家沙门第一人。他出家后专心精研经典，在洛阳讲授当时译本中最流行的《道行般若》。由于译本的文句简略，义理不全，有时前后无法贯通，常令他慨叹"此经大乘之要，而译理不尽"，因而立志去西域寻求原本，他的事迹有可能影响到后来《西游记》的创作。

甘露五年（260）朱士行从雍州出关，踏上已经中断多时的丝绸之路。和最早奉皇帝敕命出发的永平求法团不同，朱士行的西行纯属自发行为，没有任何官方背景和依仗，只有一颗追寻高深正统佛法真谛的心支撑着他舍命前行。他费尽周折到达距离洛阳4000公里的于阗国，282年终于遣其徒弗如檀将《放光般若经》送回洛阳。这部般若经译出后，很多高僧都为之作注或讲解。后来鸠摩罗什带领弟子在凉州、长安等地重新翻译和解释佛教经典，例如把支娄迦谶译的般若经"本无品"改为"真如品"，把旧译中的"自然"改为"真性"等，许多经过重译的重要佛学术语流传沿用至今。

朱士行沿着丝路西行求法的壮举、鸠摩罗什的翻译活动，鼓励后来者不断踏上这条路。佛教的文献总称三藏，"律"是其中之一。"律"是佛教宗教生活最基本的原则，僧人须依律行事。法显效仿朱士行，为了从印度求取完备的戒律，于公元399年以花甲之年从长安出发，前后用了约 15 年到达近三十个国家，不仅携带当时重要的三种戒律返回中土，对律典的翻译成果也很丰硕。

僧人慧生（有些资料写作"惠生"）随宋云出使西域，518 年冬由洛阳出发，经陕西、甘肃过青海柴达木盆地，沿昆仑山北麓越过帕米尔高原，从阿富汗到巴基斯坦白沙瓦一带，522 年带着大乘佛经 170 部返回。

神话小说《西游记》让唐玄奘成为最家喻户晓的取经人。玄奘是洛阳缑氏人，十三岁在洛阳净土寺出家研习佛法，627 年怀着"宁向西天一步死，不向东土半步生"的决心踏上西行之路。纪录片《玄奘之路》评价玄奘："十九年时间，一百一十个国家，五万里行程，在异国的土地上，他被奉为先知，在佛陀的故乡，他成为智慧的化身。由于他的缘故，大唐的声誉远播万里，就连他脚上的麻鞋，也被信徒供为圣物。然而他放弃了一切荣耀，毅然返回故土。他翻译的佛经，达到了四十七部，一千三百三十五卷，这是一个前无古人，后无来者的成就。"

灯火人家的温馨只是普通人的幸福，布道弘法才是出家人的人生追求。这些怀着坚定信仰的僧人不仅利用丝绸之路带回大量经书，还留下《佛国记》《宋云行纪》《大唐西域记》等在时间和内容上相连续的记载，为后世研究诸国古代历史、地理、宗教艺术及民情风俗等提供了珍贵的第一手资料。如《宋云行纪》记载他们一行人来到鄯善国更西边的末城（今策勒），留下"城傍花果似洛阳，惟土屋平头为异也"等文字，可以让我们比较系统地了解西域以及阿富汗、巴基斯坦地区的政治经济、地理交通、风俗文化以及历史变化。

　　弘法者的努力推动了佛教中国化的历程，加上中原大地政权割据，战乱不断，外来的异族政权推崇佛教以维护统治。佛教的慈悲济世思想正好符合民众渴望安稳生活的心理需求，使其在中国迅速发展起来，大江南北都信佛崇佛，各地佛教活动盛行。河西凉州一带，敦煌、张掖、武威等地都开始开凿石窟，大造佛像，这些石窟的形制被称为"凉州模式"，特别是其中的天体山石窟，对后来的中原石窟影响巨大。北魏太武帝平定凉州后，曾迁北凉人于平城，促进了开凿石窟的技艺向东传播。

　　5~6世纪佛教在中国大盛，仅北魏洛阳城内外的佛教寺院就达到500所，中国人习惯用自己熟悉的思维方式接受着佛教，也在用明显有儒、道印记的华夏文化重新构建着佛教。例如用道家和玄学的"无"理解佛教思想中的"空"，用儒学中普世的道德心理解人人皆有佛性等。很多学者把中国式佛教称为"心性论佛教"以区别印度佛学。山西大同云冈石窟的昙曜五窟，河南洛阳龙门石窟的古阳洞、宾阳三洞，巩县石窟等也陆续开始营建，这些石窟的承袭关系比较清楚，充分表现了佛教石窟逐步东方化的具体过程，在全国石窟中占有重要地位。

　　7~8世纪的隋唐盛世也是佛教盛行的时代，石窟开凿到达高潮期，全国各地都有石窟建造，其中以龙门石窟奉先寺大佛最为著名。中原的石窟龛像影响广泛，各种净土变和密教形象南达四川、西及新疆。11世纪以后，罗汉群像既盛于中原北方，也流行于江南。13~14世纪藏传佛教形象不仅出现在中原北方，还出现在南方，出现各地区交互影响的复杂现象。

　　宿白对此总结为："五世纪晚期以前，中原北方受到新疆的影响，显然是和佛教艺术自西向东传播的情况有关；五世纪晚期以来，佛教窟龛在新疆以东逐渐形成自己的特点后，中国各地石窟龛像的发展演变，尽管都具有地方特征，但程度不同地受到全国主要政治中心或文化中心所盛行的内容的影响。"[1]

佛教虽然产生于古印度，但在中国实现了独特的、超越式的发展。随着佛教在中国的传播和发展，中国佛教石窟艺术融合华夏民族的文化内涵和审美思想，在由西向东进入中原的过程中不断传承和创新，最终形成了具有中华民族艺术特色的中国佛教石窟造像艺术。

北魏时代的龙门石窟

"峥嵘两山门，共抱一水秀。滩声千鼓鼙，石壁万龛宝。"[2] 这是宋代苏东坡之子苏过留下的描写龙门的诗句。因为龙门山和香山二山东西夹峙，形若门阙，伊水宛如一条长龙穿门而过，所以龙门古称"伊阙"。相传这是大禹治水时劈山导河的结果，因两岸断山绝壁相对如门，又说黄河鲤鱼若能跳过此门即可化龙腾云而去，故曰"龙门"。这两座山也的确鬼斧神工，连最重史实的司马光也感慨"人怜山气佳，予叹禹功美"[3]。

"龙门山色"在洛阳八景中名列第一，事实上，这里的美既源于山水自然，也来自人力打造，是自然美与艺术美和谐统一的惊世

---

[1]　宿白：《中国石窟寺研究》，文物出版社，1996，第 19~20 页。

[2]　（宋）苏过：《苏过诗文编年笺注》卷五，中华书局，2012，第 476 页。

[3]　（宋）司马光：《司马温公集编年笺注》卷五《龙门》，巴蜀书社，2009，第 296 页。

佳作（图 45）。对峙耸立的断山绝壁，不仅像天然形成的大门一样可以作为关隘保护洛阳城，还为摩崖刻经提供了天然的物质载体和展示空间。

图 45　伊阙龙门

伊水两岸的山崖在地质上属于古生代寒武纪和奥陶纪的石灰岩层，这种石质坚硬、结构紧密、不宜风化的大面积山体很适合凿刻造像。更重要的是，与其他石窟的砂岩相比，这里的石质条件适合刊刻和保存题记文字。河洛地区原本就是石刻活动的中心，汉魏石经以及大量碑碣墓志的刊刻，形成了利用石材铭刻时代印记的意识。有刻石传统的洛阳，适合刊刻的伊阙崖壁，遇上北魏这个多民族融合、多文化交流的王朝，就催生了石刻史上的丰碑——龙门石窟。

在西晋末期北方的众多少数民族中，拓跋鲜卑是最强悍，也是取得最终胜利的东北少数民族。与匈奴等相比，鲜卑与汉文化接触最晚，文化较为落后，没有文字。据《魏书·乌洛侯列传》记载，乌洛侯国世祖真君四年来朝，"称其国西北有国家先帝旧墟，石室南北九十步，东西四十步，高七十尺"，北魏太武帝拓跋焘派中书侍郎李敞去祭祀，并"刊祝文于室之壁而还"。[1]

在北朝史籍中，北魏"先帝旧墟石室"是说明拓跋部起源的最重要证据。该石洞即嘎仙洞被当代文物工作者在内蒙古大兴安岭北段顶峰发现，刻在石壁上的祝文也得到了证实。嘎仙洞又称鲜卑石室，洞内"石壁平整，穹顶浑然"，空间很大，"气势雄伟，斜洞曲径幽邃，充满一种威殷的宗教气氛"[2]。洞内还发现了部分人工开凿的痕迹，由此可见，拓跋鲜卑的祖庙所在以及拓跋氏先祖生活和葬墓之地都是石室，开凿石洞与刊刻铭文是这个民族长期延续的传统。

北魏政权正式建立于386年，或许是因为作为异族，统治者需要寻求宗教的精神力量来提高民族自信，鲜卑政权从初期的灭佛转为弘佛。并在北魏文成帝时期复佛伊始就开始开凿云冈石窟，其中最为著名的昙曜五窟雕刻了巨大的如来佛像象征北魏五代皇帝。正如陈垣在1918年谈及鲜卑族人凿石传统对佛造像的影响时说："是时佛法初复，图像大兴，西域画像，接踵而至。魏之先世，本有凿石为庙之风，佛教又重偶像，故能致此奇伟。"[3]

北魏孝文帝有一统天下的宏愿，为了摆脱故地旧巢的种种

① （北齐）魏收：《魏书》卷一百《乌洛侯列传》，中华书局，1974，第2224页。

② 米文平：《鲜卑石室的发现与初步研究》，《文物》1981年第2期，第1~7页。

③ 1918年陈垣考察云冈石窟后在《东方杂志》第16卷第2、3号上发表《记大同武州山石窟寺》一文。文中把云冈石窟称为武州山石窟寺，把龙门石窟称为伊阙石窟寺。

束缚与障碍，对南朝形成更有力的战略形式，于公元494年迁都洛阳，意欲在中原腹地的"天下之中"开创一片新天地，营造石窟的中心舞台也从山西云冈转移到了洛阳南郊的龙门。同时，在北魏历代统治者的倡导扶持下，北方广大地区兴起了开窟造像的热潮，龙门石窟是北魏统治时期我国内地开凿最早的石窟。经过东魏、西魏、北齐、隋、唐、五代、宋等十多个朝代，断续营造长达400多年，其中的高潮部分是北魏和盛唐两个时代。

北魏对佛教的崇尚体现在建造佛寺和石窟造像活动上，与建都洛阳大体同步进行。龙门营造的第一个石窟古阳洞（图46），大约始自太和七年（483）①，利用了伊水西山的天然洞穴凿龛造像。这是孝文帝为祖母冯太后营造的功德窟，造像为一佛二胁侍菩萨三尊像，做禅定手势的佛祖释迦牟尼像高7.8米，高高端坐正中，两位面容清秀的菩萨分立两侧，表情端庄凝重。窟门东临伊水，平面呈长方形，椭圆形天井很高，左右壁龛像分上下三层，从下面数第一层有五龛，第二、三层各有八大龛，以上至窟顶凿有密集小龛。从空间的表现上来看，后壁的释迦牟尼主尊像坐在突出的高高的梯形二层台座上，衣襟下垂呈悬裳座。有日本学者认为这宛如坐在天上净土世界的幻境一样的虚空空间，正是卓越的"汉风"的体现。②

---

① 在很长一段时期内，古阳洞开凿的年代曾被误认为太和十七年（493），而根据古阳洞中的"太和七年孙秋生造像记"，基本可以确定古阳洞的始凿年代为483年。

② 〔日〕上原和:《龙门古阳洞开凿的年代（上）》，于冬梅、赵声良译，《敦煌研究》2006年第6期，第13~34页。

图 46　古阳洞

　　佛教也是北魏推行汉化的一种工具，佛像造型的变化清晰记录了鲜卑族向华夏靠近的脚步。相比于云冈石窟，龙门石窟摒弃了游牧民族粗放豪迈的特征，开始追求汉民族细致婉约的风格，这一点即使仅在古阳洞一处也能清晰地观察到。古阳洞的交脚菩萨，交脚姿势、冠缯飘动形态、帔巾表现等细微之处，既有完全西方样式的，也有汉式的。左右壁第三层的八大龛主像均为禅定印的坐佛像，其中七座都是右袒式的西方衣着形式，唯有北壁第一龛的主像为双领下垂式佛衣、胸前结纽的汉式如来佛坐像，衣裙裾部从台座上垂下，左右对称刻出清晰的衣纹，这就是云冈石窟并不发达的悬裳座。更有意思的是，观察八大龛的胁侍菩萨像，会发现西方衣着的胁侍菩萨仅南壁第一龛一例，其他均为汉式胁侍，也就是说八大龛最普遍的形式就是龛内西方式主像搭配汉式胁侍菩萨。

日本学者石松日奈子详细考察古阳洞造像的服饰变化，发现古阳洞造像服饰的汉化从太和十九年（495）至正始二年（505）经历十余年岁月，是个循序渐进的过程，使用绘画表现手法的浮雕像与云冈石窟迥然有别，认为古阳洞艺术滋生于洛阳文化中，是以洛阳地区的汉族工匠、画家为主导创作产生的。古阳洞初期造像的形式并非云冈样式的继承与展开，而是以洛阳地区既存的造像样式为底色，融会汉文化的绘画、书法以及碑刻传统于石窟艺术之中而产生的体现着强烈的民族性、高度汉化的造像样式，这种样式在宾阳中洞进一步展开。[①]

继古阳洞之后凿建的是宾阳洞，它是北魏宣武帝仿效云冈石窟，为孝文帝、文昭皇后主持开凿的，最初沿袭了代京灵岩寺的名称，后被称为"宾阳"，意为迎接初升的太阳。宾阳洞由中洞、北洞、南洞三个毗连的洞窟组成，始凿于北魏景明元年（500），是我国正史中唯一有确切记载的石窟。三洞前后营造时间长达24年，仅用以铭记孝文帝功绩的宾阳中洞用工就达802366个之多，明人彭纲对此留下感叹的诗句："当时锤凿斫民脂，万金不惜穷妖奇。"

然而即便投入如此多的人力物力，北魏时期仍然只完成了宾阳中洞。中洞内的佛雕塑体现的是《妙法莲华经》的说法情形，与古阳洞一样，既承继着云冈模式，又体现出迁洛以来的新风尚。洞窟

---

① 〔日〕松石日奈子：《龙门古阳洞初期造像的中国化问题》，云中译，《华夏考古》1999年第2期，第98~108页。

平面呈马蹄形，穹隆顶，深 12 米，宽 10.90 米，高 9.3 米。这种穹隆顶的窟顶明显继承了云冈石窟的早期形制，有鲜卑民族风貌。当代学者杨泓考察了云冈穹隆顶和游牧毡帐的关系，认为之前从新疆到河西走廊的诸石窟中从未见这种椭圆平面穹隆顶的窟形，而唱"天似穹庐，笼盖四野"的鲜卑拓跋族选用本民族传统居室穹庐的形貌来创造佛的居室，显示浓郁的游牧民族特征，非常顺理成章。①

正壁雕主佛释迦牟尼坐像及二弟子、二菩萨，南北壁均各有一立佛二菩萨。佛、菩萨体态修长，表情温和，神采飘逸，是北魏晚期风行的"秀骨清像"②的典型代表。主佛释迦牟尼端坐中央，面部清秀修长，面容和蔼慈祥，略带微笑。迦叶、阿难二弟子和文殊、普贤二菩萨侍立左右。迦叶的形象老成持重，阿难的形象活泼开朗，栩栩如生。佛像的衣饰都由北魏早期的右袒式和通肩式变为褒衣博带式，是孝文帝实行汉化政策在石刻艺术上的反映。

洞内穹顶中心雕有巨大的莲花宝盖，周围环雕着凌空飞舞的伎乐飞天和供养飞天，飘逸脱俗。前壁有维摩诘变相、太子舍身饲虎图等大型浮雕图像及十神王像，洞口内壁两侧原本刻有三层大型浮雕，构图严谨，雕刻精美，被称为中国艺术史上不可多得的石刻艺术珍品。值得一提的是，浮雕下层是著名的"皇帝礼佛图"和"皇后礼佛图"，是中国石窟中唯一等身高的帝后礼佛浮

---

① 杨泓：《探掘梵迹》，生活·读书·新知三联书店，2022，参考第七章内容。

② "秀骨清像"原指南朝画家陆探微的绘画风格，"陆公参灵酌妙，动与神会，笔迹劲利，如刀锥焉。秀骨清像，似觉生动"［（唐）张彦远：《历代名画记》，浙江人民美术出版社，2019，第 101 页］，后来这个词意指面相清雅，骨格清秀，反映人内在高雅的人格精神和潇洒风度。

雕。浮雕中的衣冠仪仗如实记录了北魏王朝进入中原后文化和礼制上的融合，可以看到礼佛的宏大行列中，帝王侍臣的服饰均已遵照孝文帝改制后的服制，同时也能从构图、技法中看到江南画艺新风的影响。

令人痛心的是，20 世纪 30 年代这组精美浮雕遭盗凿贩卖，流散海外，如今宾阳中洞的壁上空留下凿痕，如同无法愈合的历史伤疤，而藏于纽约大都会艺术博物馆的魏孝文帝礼佛图、藏于美国纳尔逊·阿特金斯艺术博物馆的文昭皇后礼佛图则天各一方。目前龙门石窟研究院正在联合多方机构，运用现代数字技术把流散的碎片和被破坏的原址进行数字撮合，以线上线下、实景复原等方式推进文物保护和文化传承。

图 47　取法龙门石窟的巩义石窟帝后礼佛图局部

与宾阳中洞大约同时修建的莲花洞，也是因天然洞穴修造的大型石窟，体积与古阳洞相当，布局与皇家洞窟宾阳中洞基本相同，穹顶是直径达 3.6 米的高浮雕莲花图案，硕大精美，也有飞天环绕。从其布局和高超的雕刻手法可以判定，此窟功德主的地位在北魏应当相当显赫。然而，非常突兀的是，该洞只雕成几尊主像与窟顶飞天绕莲就戛然而止了。壁上还有一些雕刻，如武则天如意元年（692）佛门弟子史延福所刻的《佛顶尊胜陀罗尼经》、明代隆庆年间（1567~1572）河南巡抚赵岩所刻"伊阙"两个大字等，明显是后人利用这个废弃的洞窟重新雕凿的。杨泓等认为莲花洞是因为修建工程突然中断而废弃的，关于此洞废弃的原因，尽管目前学界还不能判断其功德主具体是什么人物、因何而失势，但其工程中断无疑与波诡云谲的北魏政治有关。

其他著名的北魏石窟还有位于龙门西山靠近南端半山腰的皇甫公窟，这是难得的一次性完工且有绝对纪年的中型石窟，规模虽不大但内容丰富，包括仿木结构窟顶（已不同于初期的穹隆形窟顶，充分体现了环境变化对造像的影响）、三壁三龛式格局、大量佛教故事题材的浮雕等。该窟因北魏胡太后母舅皇甫度主持开凿而得名，最有特色之处，一是南、北壁基下保存了具有极高文化和社会价值的礼佛图浮雕，二是主佛释迦牟尼造像有六根手指。很多学者指出，礼佛浮雕中的人物为灵太后胡氏与孝明帝元诩以及供养人皇甫一家，而北魏有"帝王即当今如来"及"拜天子乃礼佛"之说，形成了帝王就是佛、佛就是帝王的"政教合一"，因此认为六指佛的形象应是世宗宣武帝的模拟像。[1]

魏晋南北朝时期,匈奴、鲜卑、羯、氐、羌等少数民族先后南下进入中原,河洛地区作为被各个政权争夺的对象,长期处在战争和灾难之中,现实中的混乱纷争加强了人们在社会意识形态中的探索,拓展出一个儒释道思想大融合、汉族与异族文化大交流的壮观场景,其中佛教思想的影响尤其深刻。

因政治而诞生、由北魏皇家贵族主导开凿的龙门石窟,就是佛教艺术以及这场大融合的具体呈现,在政治与佛法的双重作用下,开端即巅峰,创造了一批石刻艺术精品。遗憾的是,孝文帝英年早逝使得北魏统治集团内部斗争严重,后期甚至演变成在洛阳发生"河阴之变"、互相残杀的局面。北魏王朝入洛仅四十年便分裂为东魏、西魏,再至北齐、北周,完全分崩离析,龙门石窟的开凿也受到影响。

建于北魏时期、至今保存尚可的石窟还有普泰洞、魏字洞、慈香窟等,各有特色,但从规模和影响力来说都无法与早期的古阳洞和宾阳中洞等相提并论。北魏之后,龙门石窟的营造日渐衰落,但并没有停止。强弩将军掖庭令赵振造弥勒像记、东魏武定元年铭石造释迦五尊立像等应完成于东魏时;药方洞中的五尊佛像等因具有北齐造像的特征被认为开凿于北齐;之所以未发现北周佛像,推测应当是周武帝期间推行的"禁佛令"所致。所幸北周只是禁造佛像,并未对龙门造成太大的破坏。宾阳三洞中的南、北二洞,待到隋唐时期迎来了新生。

---

[1]　顾彦芳:《皇甫公窟三壁龛像及礼佛图考释》,《敦煌研究》2001年第4期,第84~91页。

盛唐时代的龙门石窟

在由隋至唐的过程中，已经中国本土化的佛教愈加迎合下层民众的需求，也符合上层统治者巩固统治的需要，开始拥有大量信众。玄奘、义净等高僧的取经、译经活动把佛教的发展推向一个新高度，出现众多宗派。最终，主张佛性和顿悟的禅宗将复杂的教义化繁为简，迅速被国人接受，让中国佛教真正成为不同于印度发源地的、中国特有的宗教。

隋唐时期全国终于统一，四方来朝，社会空前繁盛，这个时期也是洛阳城政治地位最复杂多变的时期：隋炀帝大业元年（605）迁都洛阳，官称"东京"，609年改称"东都"；唐太宗贞观六年（632）改"东都"为"洛阳宫"；唐高宗显庆二年（657）改"洛阳宫"为"东都"，实行两京制；唐睿宗光宅元年（684），太后武则天临朝称制，改"东都"为"神都"；武则天天授元年（690）改唐为周，定都神都，神龙元年（705）复称"东都"；唐玄宗天宝元年（742）改称"东京"；安史之乱中安禄山在洛阳称帝……统治阶层在洛阳地区政治活动频繁，带动石窟造像之风再起，高宗、武则天、玄宗居洛期间，中国佛教的发展臻于鼎盛，也是以龙门石窟为首的石窟艺术最辉煌绚烂的黄金时期。

公开资料显示，龙门现存编号窟龛的年代；北魏占30%；唐代占60%，大约1600多座；其他时期占10%左右。王朝的更替没有完全中断龙门石窟的营造，经过东魏至北齐的打磨，造像技法更加成熟，造型比例更加自然得当，人物情态表现开始趋向世俗化。随着时代发展，安史之乱之前的隋唐时期，是洛阳佛教文化的鼎盛时期，龙门石窟也迎来继北魏之后的第二次开凿高峰，唐代大多数具有代表性的石窟都开凿于李治、武则天时期，它们被称为"刻在石头上的盛唐风范"。

贞观十五年（641）前后是初唐造像形式的探索与确立期，将北魏未完成的宾阳南、北洞修成完工之后，还开凿了潜溪寺。潜溪寺高、宽各9米多，进深近7米，位于西山，是龙门西山北端第一大窟，供奉的主佛是阿弥陀佛，南壁有大势至菩萨，窟顶藻井为一朵浅刻大莲花。曾有日本学者认为这是李世民第四子魏王修建的①，但经当代学者张若愚等多方考证，确认宾阳南洞才是魏王李泰为了纪念他的生母长孙皇后修建的。宾阳南洞平面呈马蹄形，窟内东西进深8.18米，南北宽8.72米。高9.85米，窟门敞口圆拱，穹隆顶，藻井原为北魏作品。正壁五尊大像，二弟子与本尊置于同一个椭圆形背光内，两侧二立侍菩萨，主尊阿弥陀佛结跏趺坐于叠涩束腰长方形座上，通高8.2米。佛像背后的舟形火焰纹打破了窟顶藻井莲花瓣，说明背光造型晚于北魏时代的藻井，这也是宾阳南洞造像是在北魏旧窟的基础上凿刻的重要证据。

大概受北魏后期造型风格的影响，初唐时期佛像的造型大都面相方圆，颈部有三条横纹且直而短，头部硕大，凸显了唐代佛像建造开始复兴犍陀罗风格。其佛像衣纹多采用贴泥条的技法，相对来说身躯比较僵直，胸腹和腰部没有大的起伏，菩萨像头戴高宝冠，

---

① 日本关野贞最早认定潜溪寺（亦名斋祓堂）开窟造像的年代为唐贞观十五年（641），后水野清一、长广敏雄、冢本善隆的《龙门石窟的研究》以及不少中国学者也认同这一说法。

腰间束一条垂至足部的腰带，身上有璎珞。唐代以丰满健康为美，随着本土的审美融入佛像造型，造像肩膀和胸部也开始变得圆润，肌肉、动作等逐渐摆脱之前的呆板之状而生动形象起来，这种石窟风格在高宗永隆年间基本确立。

当时的太子李承乾失宠，史载"聪敏绝伦"的李泰觊觎皇位而极力表现，以求获取唐太宗的赞赏。当年李世民曾为贞观十年（636）长孙皇后的去世哀伤不已，李泰奏请开凿佛窟纪念母亲文德皇后长孙氏。值得一提的是，为体现自己的孝道，他命中书舍人岑文本用骈文体裁撰写了一篇发愿文，由初唐四大书法家之一褚遂良亲自书丹，立石碑于宾阳南洞门外北侧的屋形龛中，题额为"伊阙佛龛之碑"。虽以碑为名，实为摩崖刻石，这是一代书家褚遂良46岁时的作品，雄浑秀逸、笔力挺劲，为唐楷精品，也是目前国内所见褚遂良楷书中最大者。但其形制不同于唐代的造像碑，而更接近北魏时期的碑，研究者考察发现，此碑石凿刻年代早于唐代，本为宾阳中、南二洞的造窟功德记。北魏宣武帝的驾崩及之后的内乱，致使工程中断，唐初续凿宾阳南洞时应是把原文磨去，在上面重刻了碑文。

武则天临朝称制至武周时期是龙门石窟造像和艺术成就的鼎盛期，这一时期有纪年的大、中型石窟龛较多，造像题材也发生了重大变化，除北朝已有的释迦牟尼佛、弥勒佛、三世佛、观世音菩萨外，还增加了卢舍那佛、药师佛、大日如来、宝胜如来、地藏、三十三臂观音等，表明当时社会对于佛教文化有了更为深入的了解，并融会贯通地将世俗生活反映到了造像之中。

众多唐代窟龛和造像中，奉先寺大卢舍那像龛是龙门石窟开凿规模最大、艺术最为精湛的摩崖像龛，也是全国石窟中唯一劈开山崖，依崖雕凿的大型群雕（图48）。整个像龛南北宽约36米，东西进深40.70米，造像布局为主尊卢舍那佛一佛，迦叶、阿难二弟子，文殊、普贤二菩萨和两个天王和力士，共计九尊大像，还有众多小一些的像龛。

需要说明的是，大卢舍那像龛作为奉先寺的一部分，是僧人们朝拜的场所。奉先寺与大卢舍那像龛统称"奉先寺"，后来由于木构建筑的奉先寺毁坏，只留下像龛，才成为名副其实的大卢舍那像龛，只是人们沿袭旧例仍称其奉先寺。比起寺宇屋檐下的佛像，这组石刻雕塑裸露在崖壁上，依山就势，更有一种浑然天成的凛然之气。恢宏的自然环境、精湛的人工技艺和神圣的佛祖菩萨相交织，龙门石窟处处氤氲着石刻特有的力量，朴素而直观，直通人心。

据卢舍那佛像底座北端的《河洛上都龙门山之阳大卢舍那像龛记》[1]记述，这个工程完成于上元二年（675）十二月，是唐高宗李治主持开凿的。因为"奉先"二字取自《尚书·商书·太甲中》"奉先思孝，接下思恭"，意思是"事奉先人当思孝顺，接待臣下当思恭敬"，世人普遍认为这是高宗追思先祖，为其父李世民追福所造。

被人津津乐道的是，奉先寺修建过程中，皇后武则天曾在咸亨三年（672）四月捐出脂粉钱二万贯资助建窟，佛像竣工时，她还亲率文武朝臣驾临龙门，主持卢舍那大佛的开光仪式。另外，卢舍那大佛造像的性别特征模糊，加之梵语"卢舍那"的意思是光明普照，

---

[1] 《河洛上都龙门山之阳大卢舍那像龛记》是研究龙门奉先寺造像的唯一文字史料，目前研究认为是唐玄宗开元十年（722）至天宝七年（748）之间补刻，内容参考温玉成《河洛上都龙门山之阳大卢舍那像龛记》，《中原文物》1984年第3期，第99~100页。

很容易让人联想到武则天称帝时也以"曌"为名，从而将这两者联系起来，甚至还有人传说卢舍那大佛的面容就是以武则天为原型塑造的。

对此，多数学者都认为这种说法目前缺少明确依据，至少在当前传世的正规史料文献中找不到印证。最初设计筹划大佛时，武则天尚未返回政治舞台，而大佛建成之时，正是武则天好不容易才当上皇后、政治根基尚未稳固之际，从情理上来说这种可能性极小。但唐代龙门石窟的开凿带有强烈的国家政治色彩，深受政局影响，这一点是毋庸置疑的。

图 48　奉先寺群雕

居佛龛正中央的卢舍那佛结跏趺坐于八角束腰叠涩式莲花座上，通高 17.14 米，头高 4 米，仅耳朵就高达 1.90 米。佛像面部丰满圆润，头顶为波状发纹，双眉弯如新月，丰颐秀目，恬淡地凝视着脚下众生；嘴角略翘，微微透出慈悲祥和的笑意。身着通肩式袈裟，于薄薄的衣襟下显示出身材的壮硕和健美，一圈圈同心圆式的衣纹，质朴无华中带自圣洁之光。瑞典艺术史学家喜仁龙（Osvald Sirén）在20世纪初曾考察过洛阳的龙门，对奉先寺大佛赞誉有加，在《5—14世纪的中国雕刻》一书中比较东西方雕刻艺术，留下非常精辟的评论：

> 全然的憩止状态，一丝不苟地正面刻划，双腿交叉盘坐，两臂贴身下垂，姿势可谓十足的内敛观照式，没有外在离心力的动向。自宽阔胸部下垂的一系列长条弧线构成袍服（指袈裟）的衣纹，宁静的节奏感，适足凸显整体宏观的憩止和谐。值得注意的是外形虽被袍服全部笼盖，依稀可充分辨认出大佛强而有力的造型和四肢的特征，严格说来，蔽体袍服的功能，另增添人物的内在心态或内在意义。具有传统式长耳，螺形发髻的方阔脸型，扩散出和平与慈祥，几乎无个性化，未着力强求，不呈内在欲求，却可从面容表现，直陈其蕴含某种融入和谐的悲悯之情。任何接触到本尊大佛的人，就算懵然不知其主题，也会直觉出她的宗教意义，主题的内在意义系随着艺术思考产生，她是先知？或是神祇？均无关紧要，她是一件完美的艺术品，借由精神意念的统摄传递给观赏者。①

---

① 原文来自喜仁龙1925年出版的《5—14世纪的中国雕刻》原书第22页，引文录自胡永炎《中国佛雕宝典——研究中国佛像雕刻的先驱者喜仁龙》，台湾《紫玉金砂杂志》第32期。〔瑞典〕喜仁龙：《5—14世纪的中国雕刻》，栾晓敏、邱丽媛译，广东人民出版社，2019，第5页有同段内容的翻译，语言略有不同。

　　卢舍那大佛不愧是能够体现盛唐气度的代表性作品，其艺术之美毋庸置疑，同时，我们也不应忽视这组群像独特精妙的整体格局及其背后可能隐含的寓意。正壁造像为一佛二弟子二菩萨，左右还有天王、力士和供养侍女，主佛以外的其他人物也气韵各异、惟妙惟肖。以卢舍那大佛为中心，大小错落有致的人物呈放射状两边排列开来。正对群像可以看到，大佛左右两侧分别是约10米高的迦叶、阿难二弟子，后者虔诚，前者持重；弟子两侧分别是高13米的普贤、文殊菩萨，华丽雍容；再往外分别是正在制服妖魔鬼怪、高10.50米的天王以及高9.75米的力士，威猛霸气；菩萨、天王之间的空隙里还插入了两个高约6米的供养侍女，立于仰覆莲台座上，更加衬托出菩萨祥和、天王孔武。即使这组群像的一部分因风化而残损不全（最左边的力士和天王几乎形状不辨），也不影响其艺术魅力，当人们缓步登上长长的石阶，仪表堂皇、圆满丰润的卢舍那大佛及群像缓缓呈现在眼前，无人不惊叹于那种从风霜岁月中磨砺出来的大气雍容以及从磐石里渗透出的美。

　　"整个大像龛群像之间以一种波浪起伏的曲线旋律联系起来，在总体外观上呈现出运动美感"，"使大卢舍那像龛群体造像成为一幅主宾分明、和谐流畅的生动画卷，充满了生机勃勃的艺术气氛，与云冈昙曜五窟相比较，没有了偶像罗列之感，而展现出极富动态变化的感召人心的力量，体现出严格的等级观念"。①

---

　　①　邹满星：《奉先寺大像龛石窟造像艺术》，《唐都学刊》2009年第1期，第49~51页。

佛教的本谛是平等，印度早期的石窟造像中只有单体释迦牟尼像，而龙门大卢舍那佛龛的格局明显有主次分明的尊卑等级观念，体现出浓厚的集权王朝气息。这正是佛教在东渐过程中受到中原文化影响的缘故，从敦煌到云冈，再到龙门及周边石窟，佛教在中国本土化过程中呈现清晰的轨迹。

其实，比起卢舍那大佛，武则天与龙门善跏趺坐①弥勒佛像的关联更体现了君主权威对石窟的影响。弥勒信仰源自南北朝至唐初社会的佛教净土信仰，龙门石窟本身也有不少北魏时期的弥勒造像，那时的弥勒造像主要是交脚菩萨形象，也有站立或交脚佛装形象，善跏趺坐姿形象是唐代才开始流行的弥勒造像。这种新的样式原本被认为可能是受到了敦煌北大佛的影响，后有学者主张早于敦煌北大佛七年、垂拱四年（688）建的洛阳天堂夹纻大像更有可能是唐代弥勒像兴盛的源流。②

根据佛经教义，弥勒意译为慈氏，是在人间成佛、拯救人世间苦难的菩萨，也是大乘佛教的未来佛，即弥勒将取代释迦牟尼成为下一个宇宙大轮回的主宰。正因为弥勒有象征秩序更替之意，历史上多次出现下层民众以"弥勒出世"相号召，发动反抗封建统治的武装暴动。武则天称帝前，有人在河南汜水里打捞起一块刻有《大云经》的石头，之后出现很多弥勒佛下生人间的舆论：

---

① 双腿下垂坐姿的佛像，佛像仪轨称为善跏趺坐，日本在描述善跏趺坐佛时习惯称为倚坐佛像。

② 罗世平：《天堂法像——洛阳天堂大佛与唐代弥勒大佛样新识》，《世界宗教研究》2016年第2期，第29~42页。

东魏国寺僧法明等撰《大云经》四卷，表上之，言太后乃弥勒佛下生，当代唐为"阎浮提主"，制颁于天下。[①]

时有御史郭霸上表称"则天是弥勒佛身"。[②]

（武则天）弥勒下生，作阎浮提（人间）主。[③]

《大云经》[④]之所以被强调，是因为其中讲到"天女净光""增长女王"的故事，正好符合武则天欲做大周女皇的政治需求。她利用唐初社会广为流传的弥勒信仰，借佛教力量对抗儒家男尊女卑的思想，从而使其改朝换代之举首先具有某种神圣的"合法性"，进而取得男权社会对自己以女身"当王国土"，以及"威伏天下"行为的认可。这种做法为武则天称制扫除了不少前进道路上的阻力，她也不忘回报，一登上权力之巅立刻敕令各州建大云寺，并遣僧人千人到各地讲解宣传《大云经》。

正如陈寅恪所指出的那样："（武则天）政治特殊之地位，既不能于儒家经典中得一合理之证明，自不得不转求于佛教经典……佛

① （宋）司马光：《资治通鉴》卷二〇四，中华书局，1956，第6466页。
② （后晋）刘昫等：《旧唐书·张仁愿传》，中华书局，1975，第2981页。
③ （后晋）刘昫等：《旧唐书·薛怀义传》，中华书局，1975，第4742页。
④ 《大云经》即《方等大云经》或《方等无相想大云经》的略称。任继愈认为这部《大云经》的出现无法脱离当时特殊的历史背景，而王国维多方考证后认为《大云经》早在北凉时期已经存在，并非伪造。薛怀义献的《大云经》经注夹杂，背后无论是否有武则天的授意，弥勒信仰的革故鼎新及有着"女身当王国土"内容的《大云经》，对武则天称帝起到了推波助澜的巨大功效。

教在李唐初期为道教所压抑之后，所以能至武周革命而恢复杨隋时所享之地位者，其原因固甚复杂，而其经典教义可供女主符命附会之利用，要为一主因。"①

证圣元年（695）仲夏，历经二十五年游学三十余国的高僧义净，带着佛经、舍利等还至洛阳。"天后敬法重人，亲迎于上东门外"②，使得整个社会的崇佛氛围更炙。从皇后到天后的武则天，频频变更其尊号，从圣母神皇，到圣神皇帝，再到金轮圣神皇帝、越古金轮圣神皇帝、慈氏越古金轮圣神皇帝、天册金轮皇帝，每一次变化都反映了武则天政治地位及其心态演变的轨迹。

女皇尊号前冠以弥勒的慈氏，反映武则天已然公开以弥勒下生、转轮王自居。不少民众心怀朴素愿望，相信武则天是能拯救苍

图 49　中间为弥勒的摩崖三世佛龛

① 陈寅恪：《金明馆丛稿二编》，上海古籍出版社，1980，第 150 页。
② （唐）智昇：《开元释教录》卷九，中华书局，2018，第 557 页。

生的女主，期待菩萨转世的女主能带领民众过上更好的生活。龙门开窟造像之风再次兴起，开始出现了之前所没有的善跏趺坐弥勒造像。"武则天被立为皇后并逐渐参与朝政以及武则天执政时期，龙门的弥勒造像出现空前绝后的盛况"①，众多善跏趺坐姿态的弥勒造像就修建于这一时期。

据统计，唐高宗及武则天时期，龙门西山中有纪年的弥勒窟龛有咸亨四年（673）惠简洞、永隆元年（680）处贞龛、永隆元年杜因果龛、文明元年（684）赵奴子龛、万岁通天元年（696）孔思议龛，无纪年的有双窑、千佛洞、极南洞、摩崖三世佛龛、古阳洞外崖壁上方新发现的三佛龛。在龙门东山的大万五佛洞（擂鼓台中洞）、看经寺崖顶的弥勒洞，以及万佛沟北崖的三佛洞等，皆以善跏趺坐的弥勒佛为本尊。其中很多都特意附有石刻铭记，来说明这种善跏趺坐式造像是弥勒佛，以区别于其他尊像，从而使这种姿态的弥勒造像取代了原来常见的交脚形象弥勒造像，成为唐代弥勒造像的主流定式。

此外，原来印度弥勒造像中刚猛健壮的男性化特质在唐代弥勒造像上已经消失殆尽，取而代之的是丰硕温和的女性化特质。惠简洞即弥勒造像女性化倾向的代表，该洞窟是咸亨四年西京法海寺惠简法师为唐高宗、武则天、太子等所开凿的皇家洞窟，由于惠简同时也担任大卢舍那像龛的"检校僧"，所以惠简洞佛像及两边人物的布局、神态与奉先寺大卢舍那像龛如出一辙，只是规模大大缩小，被称为"小奉先寺"。但值得留意的是，窟内九尊像的本尊并

---

① 宫大中：《龙门石窟艺术》，上海人民出版社，2002，第329页。

非卢舍那佛，而是高 3.10 米的善跏趺坐弥勒。佛像面部丰满圆润，双目宁静慈祥，嘴角似呈笑意，女性气质极其突出。为了告知世人，洞南壁靠近洞口处刻有一则造像题，明确说明"敬造弥勒像一龛"为皇家祈福。

武则天时期的摩崖三世佛龛中的弥勒造像龛也很特殊（图49）。因为前世、现世、来世三世佛造像是相当古老的题材，通常从左到右按照过去世燃灯佛、现在世释迦牟尼佛、未来世弥勒佛的顺序排列。云冈石窟的昙曜五窟以及龙门石窟中北魏时期的三世佛，都是这种以释迦牟尼佛为主尊居中的排列方式。而龙门摩崖三世佛龛竟然一反常态，以善跏趺坐的弥勒像为居中的主尊，这种突显弥勒佛特殊地位的结构在以往是极其罕见的。

同理，通常佛教造像中"二佛并坐"造型多表现为释迦和多宝佛的组合，而龙门双窑中的多宝佛被替换成了弥勒佛；各种僧尼、官员贵族甚至普通民众也纷纷开刻佛窟祈福，万佛洞南壁上有胡处贞造弥勒像 500 身……同时期的现实朝野中，武则天与高宗并称"二圣"，后来又上升为中国历史上唯一的女皇帝。这些弥勒造像大多雕凿于武则天当政时期，其中的寓意不言而喻，凡此种种，都凸显出政权对佛教的绝对影响力。

如宋代欧阳修所感叹："自古君臣事佛，未有如武氏之时盛也。"[1] 然而，由某个人带动起来的狂热，即使声势再大也是脆弱的，它会因上层统治集团的变动、某个人被清算而受到反噬。武则天的被迫退位，导致高平郡王洞、宝塔洞、看经寺、摩崖三世佛龛

---

[1] （宋）欧阳修：《欧阳修全集》卷一百三十九《唐司刑寺大脚迹敕》，中华书局，2001，第 2207 页。

等一系列大型窟龛都未按原计划完工，有的半途而废，有的草草收场。

从石刻的整体风格来说，盛唐时期的社会风尚流行华贵、富丽堂皇，造像本体的体格更加丰腴健壮，面相也更圆润大方；佛像服饰由褒衣博带演变为宽袍大袖、衣裙飞扬，充满了女性丰满华丽的特征；一些菩萨造像清丽典雅、隆胸细腰，增加了女性的婀娜；人物表情也从宝相庄严变得更加多样、富有生机。卢舍那大佛是唐代石窟造像的最高杰作，被评价为"体现了我国最具规模和最为优秀的造型艺术"，石窟造像艺术至此臻于成熟，之后便进入了衰退期。

唐代后期龙门石窟开窟造像的数量开始锐减。原因是多方面的，首先是中宗复位后都城迁往长安，国家的政治、文化中心西移，洛阳地位下降；其次是安史之乱致使唐朝国力大减，整个社会经济受到重创，再无力承担大型石窟工程的巨额费用；最后是王朝对佛教的政策开始收紧，从"佛道并举"到佛教被道教压制，唐武宗会昌期间（841~846）甚至还出现"毁佛"（灭佛）政策。统治阶层在龙门的大型造像活动基本停止。但还是有个人、家族继续作为供养人，不断在龙门发愿开凿中小型窟龛。

较为著名的当属极南洞，它是唐中宗神龙二年至唐睿宗景云年间（706~711）由名相姚崇家族开凿的。极南洞顾名思义，位于龙门西山最南端高处的崖壁上，是一个形制完备、颇具规模的中型窟。该窟高约4米，窟内有高约0.6米的高坛。主尊为善跏趺坐的弥勒佛，两侧依次侍立弟子、菩萨、天王等，九躯造像皆雕于坛上，雕像优美生动。极富特色的是入口处的两躯力士像，尽管面目、身躯都已残缺不全，但我们仍能从中感受到张力十足的动态与力量，呈现了非常成熟高级、富有东方特色的雕刻艺术。可惜这已成绝响，之后龙门的刊刻再也没有呈现出如此的艺术造诣。

唐代以后，随着佛教本身的发展，净土崇拜简化、密宗及禅宗兴起，信徒可以通过舍财免灾、烧香求佛甚至吃斋念佛等宗教行为修行。石窟不再是修行的唯一场所，佛教也不再像以前那样重视石窟造像，人们更习惯于去附近的寺院进香。偶有零星新凿的石龛多是简单模仿，工艺低下，少有创新，北魏和盛唐两个龙门石窟的创作高峰时期都已成为过去。

经历了宋真宗大中祥符八年（1015）的皇帝诏谕修整工程，也遭遇了 20 世纪前半叶国内外文物贩子勾结掀起的疯狂盗卖活动，那些风化的壁面、被削去的佛首，如同裸露着的伤疤，无声地陈述着既往岁月，直至 1949 年新中国成立，受到重创的龙门石窟终于重获新生。

皇权笼罩下的佛光

前两节内容挂一漏万地集中介绍了北魏、盛唐两个石窟营建高峰期的状况，从中可知，龙门石窟最壮观、最精美的部分，基本上都是北魏、盛唐两个王朝倾全国之力，用巨大的人力、物力打造出来的。正如劝谏武则天在崇佛上节制的大臣上书时所指出的那样"倾四海之财，殚万人之力，穷山之木以为塔，极冶之金以为像"[1]，可以说龙门石窟本身的确是统治者利用皇帝特权的产物。

---

[1] （宋）王溥：《唐会要》，中华书局，1960，第 858 页。

但成也皇权、败也皇权，政治力量打造出来的胜景也会因政治飓风方向的突变而遭到毁灭。佛教与政治的关系密切而复杂，宗教对民众的思想控制有助于统治阶层的管理；而一个宗教的立足与发展离不开政策扶植。这两者相互交织又互为表里，龙门石窟作为皇权与佛教的连接点，从前文的记叙可见，其诞生与发展的每一个转折点，几乎都与政治现象、权力兴废息息相关。石头上雕刻的是极乐净土的神圣世界，铭刻于石的寓意是万世不朽，事实证明，遍山都是佛像的龙门石窟，反而是最能反映人间权力角逐、世态冷暖的地方。龙门石窟的造像与文字，将这些历史记忆永久地留了下来。

将佛法与政治联系起来，并不一定是佛教单方面被封建统治阶层利用，反而是早期僧人有意识引导的结果。早在道武帝时代，北方沙门领袖法果就清晰地认识到"能鸿（弘）道者，人主也"，称道武帝为"当今如来"，公开表明"我非拜天子，乃是礼佛耳"①，主动将弘佛大业寄于皇权的羽翼之下。

事实上，佛教与皇权是存在天然冲突的，佛教的礼仪与儒家的礼教不同也曾引发多次讨论。差不多同一时期，东晋高僧慧远发出了著名的"沙门不敬王者论"，认为不应强制沙门弟子跪拜君主，由此可见南北方佛教的一些差异。可能相对于汉族统治者来说，北方胡族的统治更为残酷，因而北方早期佛教对于王权的妥协和依赖也更多。这种倾向在残酷的太武帝灭法之后变得更加明显，云冈石窟开凿时极力将佛教造像之举与帝王联系在一起，将官修的佛像比拟皇帝的形貌，以避免可能来自皇权的破坏和打击。这种传统也被

---

① （北齐）魏收：《魏书》卷一百一十四《释老志》，中华书局，1974，第3031页。

龙门石窟所沿袭，王朝政治的风云变幻或鲜明、或隐晦地呈现在龙门石刻中。

中国各朝或长或短，重大事件数不胜数，其中不少是当时惊天动地，但从整个中国历史来看又无足轻重的，开凿龙门石窟的两个巅峰时期的政治事件魏孝文帝迁都洛阳和武则天称帝却正好相反。前者在当时看来似乎只是一个北方王朝胡族君主不听劝阻的一意孤行，却是华夏文明形成过程中最重要的事件之一；而武则天不仅以中国历史上唯一的女帝身份颠覆了儒教传统观念，还直接参与创造了中国历史上最辉煌的大唐盛世。二者对中华文明的民族融合和文化格局的形成所产生的深远影响是无论如何强调也不为过的。龙门石窟的石头不代表自己，总是象征着、体现着某个形象，传递某种信息，是出资者、策划者、撰者、书者、刻者人生境遇与思想的附着物。它们是见证转折性历史并将时代记忆留存至今的宝贵遗存。

龙门石窟动工时，正是孝文帝颁布各项法令、全面开始进行汉化改革的时期。孝文帝对鲜卑旧俗的改革彻底到近乎无情的地步，不仅相继推行了均田制和新的户调制，变革官制和律令等制度，还命令全族舍弃旧姓，带头给自己改名"元宏"，让移居洛阳的鲜卑贵族统统以洛阳为原籍，去世后不准归葬平城，必须埋在洛阳周边。公元497年4月甚至决绝地处死了阴谋逃回平城的太子，用强硬甚至残酷的武力镇压鲜卑贵族对汉化政策的抵触。这位北魏王朝的中兴之帝，以决裂般的姿态试图割断鲜卑族所有旧根系，通过以天下之中的"洛阳"为故乡、以万物之始的"元"为姓氏的方式建立与"汉"的联系，融入正统"中国"。

改革的过程艰难而复杂，需要一个过程。从云冈石窟到龙门石窟，既是政治斗争中统治者权衡利弊后的产物，也是佛教中国化的清晰脚步。云冈早期的石窟，以"一窟一室一巨佛"的昙曜五窟为代表，雕刻的佛像与装饰充满犍陀罗风格，高鼻深目、面相丰圆，显示出一种刚劲浑厚、质朴有力的造像作风。龙门石窟的早期佛像也沿袭了这种风貌，以右袒式造像为主，高肉髻、耳朵以及手印样式都受到印度和中亚的较大影响。

从龙门石窟北魏纪年的题记数目可以看出，龙门造像的高峰主要在景明三年（502）后的宣武帝和孝明帝时。这一年洛阳宫室的主殿太极殿正式落成，《魏书·世宗纪》载："（三年十有二月）壬寅，飨群臣于太极前殿，赐布帛有差，以初成也。"[①]也就是说，在此之前，由于迁都初期宫室尚未完成，皇帝暂居于内城西北角的金墉城内，其他自代都迁洛的各类人员多聚居在外郭城。直到宣武帝景明二年（501）于京师"筑坊三百二十"，京都城市建设大体完成，基本形成《洛阳伽蓝记》中所记录的城市里坊格局，迁洛鲜卑人士才算真正开始进入洛阳城内居住，融入汉族的生活方式。

因此，非常明显地，景明三年后的造像开始演变为身躯修长、两肩削窄、面貌清瘦、眉目舒朗的形象，大量融入南朝的审美意趣，具有士大夫式的秀骨清像、褒衣博带服饰的佛像逐渐成为主流。供养人的形象是现实社会中官贵阶层服饰面貌的反映，它们也从鲜卑帽、长身小袖袍、小口裤、皮靴，这些以"垂裙履带"为显著特征的"鲜卑服"，变成以褒衣博带式的中原风格人物形象。

这个时期的龙门石窟呈现出划时代的特征和风格，瘦削型的

---

① （北齐）魏收：《魏书·世宗纪》，中华书局，1974，第 195 页。

"秀骨清像"和"褒衣博带"式服饰的造像开始普遍出现在巩义石窟等中原地区石窟中，标志着不同于西方风格的中原佛教形象的形成。使中原的衣冠文明中，既有北方的沉雄凝重，也有南方的名士风流，形成东方特有的中国审美精神，反映了游牧文明与农耕文明汇聚而成的新气象。

孝文帝改革推行汉化政策，吸收借鉴中原和东晋南朝先进文化，虽然符合文明发展的大潮流，在现实中却如同在荆棘上行走，需要付出沉痛代价，因为对于一个相对落后的民族来说，并不是每一个同胞都能理解这种对于文明的追求。文明拓荒的过程荆棘丛生、危机四伏。一方面变革者需要与保守势力殊死相搏；另一方面，变革者内部也因各种利益纠缠使政局更为复杂，从而动摇根基。迁都洛阳以后的北魏王朝，孝文帝、宣武帝相继早逝，龙门石窟的建设还在如火如荼地进行当中，皇权动荡的残酷很快就体现得淋漓尽致。

例如主持修建宾阳三洞的是权倾朝野的宦官刘腾，最初的设计规模极其庞大，后因岩体强度、硬度等问题，在大长秋王质的请求下，窟顶高度下调了三分之一，这才降低了开凿难度，石窟工程得以顺利展开。公元 520 年，北魏宣武帝已去世五年，因为继位的孝明帝年幼，由其母灵太后胡氏听政。刘腾发起宫廷政变幽禁摄政的灵太后，三年后灵太后重新返政，对已经去世的刘腾进行了追削官爵、开棺戮尸的报复。这场政变被称为北魏王朝由盛而衰的转折点，"城门失火，殃及池鱼"，宾阳三洞工程仅完成了中洞。开凿好洞窟、内部还未来得及建的南洞、北洞工程就此停工并被废弃。

弄权者借助皇权随意兴建石窟，在享受封建王朝绝对权力的同时，很容易忘记自己也可能是政治动荡的牺牲品。石窟停工不久，先是不满胡太后专权的孝明帝于武泰元年（528）密召岳父尔朱荣进京勤王失败，遭到母亲毒杀，死时年仅十九岁。随后，尔朱荣闻讯兴兵攻入洛阳，将胡太后、北魏幼主及两千多名王公贵族大臣沉入黄河溺死，史称"河阴之变"。这样的人间惨剧，竟发生在"招提栉比、宝塔骈罗，争写天上之姿"的地方，可见洛阳城的伽蓝、龙门山的石佛，也感化不了被权力扭曲、执迷不悟的人性。

汉化后的北魏贵族和皇室以及北魏官员被屠杀，彻底改变了北魏统治集团的结构，统治层中汉化程度高的精英人士丧失殆尽，北魏王朝很快到了崩溃的边缘。龙门石窟的建设也逐渐萧条，直到隋唐时代才又重新恢复。但无独有偶，盛唐龙门石窟的建设热潮，仍然是在皇权阴影之下进行的。让宾阳南洞重新焕发生机的皇子李泰，也如流星一般划过皇家的夜空，再次上演了一场由炙热到陨落的政治闹剧。

李泰曾"宠冠诸王"，太宗在东都洛阳"并坊地"赐其大宅，占"东西尽一坊"之地，李泰修建的魏王池与魏王堤，成为洛阳的标志性胜景 ①，引韩愈、白居易等名士写下无数诗篇。然而，政治风云变幻莫测，封建王朝的皇权之争历来残酷，被《唐会要》感叹"其宠异如此"的李泰并没如愿获得皇位，李世民因李泰夺嫡之心过切，反复权衡后最终选择晋王李治继承大统，导致日后武则天上位专权的命运齿轮开始转动。支持李泰的党众遭到清算，他本人也

---

① 《河南志》"魏王池"条注云："与洛水隔堤。初建都，筑堤上雍下土水北流，余水停成此池。下与洛水潜通，深处至数顷，水鸟翔泳，荷芰翻复，为都城之胜地。贞观中，以赐魏王泰，故号为魏王池。泰黜后，赐东宫，属家令寺。"（清）徐松辑，高敏点校《河南志》，中华书局，2012，第 140 页。

被贬降，黯然离开两京，最终客死湖北郧县，其墓葬所在是迄今为止发现的唯一一处京畿之外的唐皇室家族墓地。宾阳南洞的后期雕凿稍显粗糙，明显缺乏维护，都与李泰的骤然失势有关。大概因为高宗仁厚，当年李泰命令打磨掉宾阳南洞前功德记、改刻成自己歌功颂德的伊阙佛龛碑没有被打磨掉，让人至今还能看到两个王朝的沧桑重合于同一块石头上。

这类涉及政权激变，因人而废的石刻在龙门比比皆是，北魏开凿不久即遭严重人为破坏的火烧洞、唐代的高平郡王洞等都是典型例子。早在景明四年（503）的《太妃侯造像记》中，贵为广川王祖母的侯太妃就发出"自以流历弥劫，于法喻远。嘱遇像教，身乘达士，虽奉联紫晖，早顷片体，孤育幼孙，以绍蕃国，冰薄之心，唯归真寂"的感慨。皇家贵族身份尊贵，衣食无忧，但频繁的政治争斗让他们身心俱疲、充满恐惧，这也是权贵愿意斥重金开窟造像的原因，他们希望借佛法庇护逃离劫难。

宫廷政治风云不是都如以上所举例的那样以触目惊心的激烈方式反映在石刻上，很多时候，只是露出一些蛛丝马迹，深入探查才能发现石头上这些潜伏在平静表面下的暗流涌动。例如古阳洞北海王元详的相关题记，表面叙述北魏皇室与僧侣的交往细节，实际上却通过诸多信息勾勒了元详一家荣辱盛衰的过程。[①] 又如万佛洞顶清晰的石刻楷书："大唐永隆元年十一月卅日成，大监姚神表，内道场智运禅师，一万五千尊佛龛。"[②] 不动声色地提示我们，此时的武则天身旁已集聚

---

① 王瑞蕾：《龙门石窟所见北海王元详石刻题记再研究》，《敦煌研究》2021年第2期，第112~119页。

② 大监是宫中女官的职位，内道场智运禅师指当时宫中的御用比丘尼智运。

了一个相当规模的比丘尼集团，她们是武则天统治的一大支柱，即将开启一个新的时代。

更为讽刺的是，古阳洞内释迦牟尼主佛在清代曾被包上泥塑，改造成太上老君象，古阳洞也变成了老君洞。而民国时期的《洛阳县志》记载，1900年八国联军入侵北京致使慈禧带光绪逃至西安，他们回京路上在洛阳停留了八天，还游览了龙门石窟。虽然根据清人黄易所撰《嵩洛访碑日记》可知将古阳洞变成老君洞是在此之前的事，但民间还是盛传慈禧误国、强行将古阳洞变成老君洞，甚至还有慈禧此举造成群情激愤，以至于险些遭到刺杀的文学作品，可见人们在潜意识里，也总是习惯将龙门石窟与当权者的政治风云联系在一起。

事实上，佛本无相，只是人凭着想象创造出来佛的形象。可以说最初确是无上的皇权出于政治需要，驱使民力制造出了悬挂在河畔山间的龙门石窟，权势滔天的帝王将相能够在一个短暂的时期内严重影响和左右龙门石窟的发展。然而，皇权即使在最盛时，也不能完全泯灭龙门石窟在漫长岁月中散发出来的佛光。这个"光"就是广大民众与石窟建立起来的联系。那些奉命建造的不知名的工匠们，怀着虔诚之心，以自己的理解和艺术创作力，把对未知的敬畏、对神灵的崇拜和对生命的感觉都融入龙门山的石头；那些中下层民众，把对亲人的真情和对美好生活的渴望化为造像和文字，刻入石头，然后长久地参拜和信仰。民众与石窟在互动中建立起一种连接，微弱却强韧，那是一种一旦被建立起来便再不能被轻易摧毁的连接。

药方洞（图50）就是最好的证明。药方洞始凿于北魏孝明帝正光年间（520—525），后因"河阴之变"废弃，至北齐（550—

图 50 药方洞

577）续凿，隋唐也有续作。洞中除了有一佛二弟子二菩萨造像外，石壁上还刻有古药方。据调查，龙门药方主治病症共计 57 种，153 方，以治疗民间常见病为主，组方简单，只用一两味药的占 82%，且使用便捷，价格低廉，便于病者急用立取。[①] 这些药方应该是唐初永徽以来陆续刻上去的，在印刷术尚不发达的年代，文献的保存流布依靠传抄，易出现讹误，而药方内容传抄错误的话会影响治病救人，所以"刊之岩石，传以救病，庶往来君子录之备急用"[②]。

① 李国坤等:《石刻药方：一种特殊的出版传播形式》,《传播与版权》2019 年第 3 期, 第 12~15 页。

② 张瑞贤:《龙门药方释疑》,河南医科大学出版社,1999。

　　龙门药方洞所刻药方是我国现存最早的石刻药方，治疗病症包括多发病、危重病，可以想象这些药方对于缺医少药的古代百姓来说何其珍贵。龙门药方中的针灸处方是现存最早的石刻针灸方，共计 26 方，特别值得一提的是，为了让文化层次不高的普罗大众能够快速准确地找到位置，药方里涉及的针灸部位不称"某某穴"，而是直接指明确切位置。药房洞本身既无刊刻年代，又无功德人姓名，我们无法确切得知这些药方具体是哪个人或组织铭刻上去的，但可以确定这些药方用药很大众，易在民间采集，便于临床使用和推广，其铭刻目的是为了造福庶民而不是服务权贵。

　　因此，北魏或是大唐，任何一个王朝的终结都不会成为龙门石窟的终点，无论是"给文明以岁月"还是"给岁月以文明"，广大人民自己已经把普通石头转化为具有震慑力和治愈力的神佛，庇护着中国人的心灵。这就是虽然龙门石窟受到皇权兴衰、政治风云的强烈影响，但不会因某个政权或王朝的终结而完全消亡的根本原因。

"龙门体"的力量

　　相对于其他石窟来说，龙门石窟的独一无二之处是文字与造像并举，造像之美各有特色，但再没有一个石窟的石刻文字之胜能比得上龙门石窟。龙门石窟是中国古代碑刻最多的一处石窟，清代武亿称："龙门不仅为石镌佛场，亦古碑林也。"①

---

　　①　温燕：《书法圣地说洛阳》，《洛阳日报》2019 年 4 月 19 日，第九版。

龙门的山体在很早之前就被人们用来刻石纪事，最早的铭刻当为《水经注》中所记"（曹魏）黄初四年（223）六月二十四日辛巳，大出水，举高四丈五尺，齐此以下"[①]，用来标记洪水情况。与佛教石窟有关的铭刻则始自北魏孝文帝迁都洛阳之前，最终铭刻多达 2800 余品，位列全国石窟寺之首。其中有纪年的题记 702品，最早的纪年题记是北魏太和七年（483）孙秋生、刘起祖等200 人的造像记；最晚的是明万历三十八年（1610）三月张一川造地藏王像记。[②]

铭刻题记也称造像记，内容一般是供养人姓名、造像原因、造像目的、造像题材及时间等。众多铭刻题记是对当时真人真事的具体记录，且多为正统史籍所不载，包括政治、经济、社会、文化等方面内容，还涉及军事、对外交流等，是研究当时所在地区乃至整个王朝历史的重要史料。因此，同样是千年以上的石窟，正是有了这些石刻文字记录，龙门石窟的信息含量和历史价值远远高于其他著名石窟。

仅古阳洞内，四壁及窟顶雕刻各式佛龛就多达千余个，铭刻题记 800 多品。例如，公元 498 年刻于洞北壁的《始平公造像题记》，是和尚慧成为过世的父亲祈福以及表达对佛教的虔诚信念而作。此碑文的点和笔画转折处重顿方勒、厚重饱满，而且非常与众不同地使用了阳刻之法，字体显得尤为锋芒毕露。又如《元燮造像记》（图51），通篇无界格，书写自由，字形大小和笔画比较随意，舒张有

---

① （北魏）郦道元著，陈桥驿校证《水经注校证》卷十五《伊水》，中华书局，2007，第378 页。

② 陈晶鑫：《洛都圣像龙门石窟》，中州古籍出版社，2014，第 103~104 页。

致，极富生气。这些北魏时期的铭刻题记一反南朝靡弱的书风，开创北碑方笔的典型，让观者感受到了石刻的雄峻非凡。

图 51 《元燮造像记》拓本

中国古代书法美学长久以来崇尚和谐对称，推崇《兰亭序》的飘逸、馆阁体的雍容，整体来说，对于书体的外在形态追求平和之美。龙门铭刻题记始于北魏鲜卑族初入中原之时，他们汉文化素养尚未达到很高的水平，后来又有一些题记是中下层人士所造，其风格完全不同于中国传统书法的优雅精致，如清代学者阮元所论，北派书法为"中原古法，拘谨拙陋"①。在清代之前的很长一段时期内，龙门铭刻题记并不为人所重，然而清朝中后期国力日衰，民众疲敝，"开眼看世界"的知识分子最早意识到古老中华与西方世界的差距越来越大，中国在列强的包围中岌岌可危。有识之士开始反思并寻求变革，龙门铭刻题记的价值就是在这种时代背景下被认识到的。

最推崇龙门魏碑书法的是康有为，他著《广艺舟双楫》，从

①（清）阮元:《揅经室集》三集卷一《南北书派论》，中华书局，1993，第591页。

理论上全面系统地总结北方碑学，对龙门石刻评价极高，认为"碑无不佳者，虽穷乡儿女造像，而骨血峻宕，拙厚皆有异态，构字亦紧密非常"。①康有为被龙门造像题记吸引，除了因为书法本身质朴雄强的魅力以外，更重要的因素是他希望通过提倡雄健沉劲的新书风，改变当时靡弱的社会风气。换言之，大力提倡"龙门体"的康有为实际上是试图通过石刻文字激发中国人的进取精神，他指出书法的目的是"著圣道，发王制，穷物变，洞人理"。所谓"书法与治法，势变略同。周以前为一体势，汉为一体势，魏晋至今为一体势，皆千数百年一变；后之必有变也，可以前事验之也"②，这也是康有为"托古改制"的一种表现。

在风雨如晦、积贫积弱的清朝末年，这位寻求改革的思想家在龙门石刻文字刚健有力的外在形态中看到了能够激起中国人奋发图强的精神力量。正如他对《始平公造像题记》的评价："遍临诸品，终于《始平公》极意疏荡。骨格成，体形定，得其势雄力厚，一生无靡弱之病。"③

康有为试图以书风之变推动社会进步，为清政府所忌讳，《广艺舟双楫》也屡次被禁。据张伯桢所编《万木草堂丛书目录》，此书在光绪十五年（1889）脱稿后，光绪辛卯（1891）刻，凡十八印。戊戌（1898）八月、庚子（1900）正月两度遭到毁版。"龙门体"蕴含的力量一旦被认识到，朝廷无论怎样禁止也无济于事，以《龙门二十品》为代表的龙门石刻拓本大盛，在中国社会广为流

---

① 康有为著，崔尔平注《广艺舟双楫注》，上海书画出版社，1981，第 65 页。

② 康有为著，崔尔平注《广艺舟双楫注》，上海书画出版社，1981，第 10 页。

③ 康有为著，崔尔平注《广艺舟双楫注》，上海书画出版社，1981，第 84 页。

传，还传入日本多次印制。李叔同出家之前就喜欢研习《龙门二十品》的书体，在夏丏尊三十岁生日时特地"集始平公造像字造句"赠对联一副："兹流年三十，靡答恩万千"。从保留下来的李叔同临作《始平公造像题记》（图52）的墨迹可见，即使是出自看破红尘、与世无争的李叔同之手，还是有一股不可磨灭的力量蕴含其中。当代书法家启功曾感叹"题记龙门字势雄，就中尤属始平公。学书别有观碑法，透过刀锋看笔锋"[1]，无论"刀锋"还是"笔锋"，应该都藏着康有为所说的"得其势雄力厚，一生无靡弱之病"，这不仅是对书法，也是对国对民的希冀。

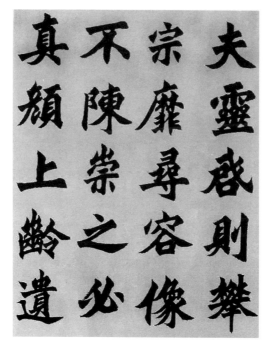

图52 李叔同临作《始平公造像题记》

---

[1] 启功：《启功论书绝句百首》第三十二首，荣宝斋出版社，1995，第11页。

　　总而言之，得山水之胜的龙门石窟，造像、文字石刻形态各异，有的精美绝伦，有的粗糙质朴，更有许多残缺不全，这种并非整齐划一的参差多态，加上位于洛阳这个"古今天下兴废事"汇聚之所，杂糅出复杂的历史和文化价值。其特殊之处就在于，龙门石刻不再只是神佛的虚壳，而是已经有了自己内在的生命力，具有抚慰人心的作用。即使时常被强有力的封建皇权所笼罩，也遮不住其四散的光芒，那既是普渡慈航的佛光，也是人性之光，更是影响和塑造华夏儿女精神世界的文明之光。

第七章

石刻与文化记忆

　　完成于 1968 年，被誉为电影史上经典之作的《2001 太空漫游》（*2001 Space Odyssey*）是围绕石碑展开的。第一块黑色的石碑突然出现在史前人类面前，然后一块又一块的石碑（也有人认为每次出现的石碑是同一块）不断出现在文明日新月异、发展进步的人类面前，有时矗立在月球，有时漂浮在太空，冷静而永恒地凝视着人类的一切。这部充满哲学色彩的电影获得无数赞誉和讨论，很多人分析，影片中带着神秘力量的石碑象征着能够引领生命的终极智慧。

　　用石头来隐喻智慧是有道理的。《石器绘图》一书在中国出版时，作者田中英司在序言中特地写道："在中国，有句谚语叫作水滴石穿，没有任何捷径可以轻松地理解古人类行为。石质工具所体现出来的技术和功能都各不相同，除了认真查找和识别石器本身蕴藏的信息外，别无他法。"① 同样的，理解河洛古代石刻中蕴藏着的

---

① 〔日〕田中英司：《石器绘图》，王春雪等译，科学出版社，2021，第ⅲ页。

华夏先民的文明史，除了认真解读和识别那些石刻中的记忆线索以外，也没有捷径。

记忆与遗忘

人之所以能够超越其他动物成为万物之灵，自有作为"人"的独特之处，虽然不同学科有不同见解，但人的"记忆"无疑是其中极为重要的一项，可称为"精神的觉醒"。只有短暂记忆的动物无法回顾过去，自然也不能理解未来，只能处于永恒的现在。它们无法拥有时间意识，也很难对死亡有明确认知，只能单纯地活在当下。而人类拥有其他动物所没有的、清晰且长久的记忆，因而具有清晰的时间意识，能将生命的经历存储下来。也就是说人类拥有记忆、能够回顾从前，从而可以理解过去曾经的死亡和未来将要面临的死亡，才算是真正地"活在现在"。

记忆是大脑对事物或事件的认识、保持和再现的过程；相反，对于认识过的事物不能认知、回忆，或者错误地认知、回忆，就是遗忘。每个人每天都要反复重复记忆与遗忘的行为和结果，无论是出于身体本身的自然机能，还是有意识而为之，这两者总是相伴而行的。

记忆与遗忘是一种自然的生理现象，在生物学、医学、心理学等领域都尚未完全明确其机制；作为一种社会现象，在文化层面也有着复杂的内涵与影响。两千多年前的哲学家柏拉图就有关于记忆的探讨，他提出一种比较激烈的看法："人生的一切学习与认识都是回忆"，认为人出生以前有着和世界理念完善地融于一体的灵魂，但在出生时灵魂和肉体结合，肉体的束缚使灵魂忘记了原有的理念和知识，因此需要从感性一步步发展理性来回忆出生之前的知识。①

柏拉图的"回忆说"为记忆和遗忘涂上一层浓厚的神秘主义色彩。获得 2018 年第 90 届奥斯卡金像奖的《寻梦环游记》（Coco）的热映，在全球范围内再次掀起关于记忆与遗忘的讨论和思考。影片里的那句"死亡不是永别，忘记才是"引发无数观众的共鸣，将死亡定义为被遗忘的说法也获得不少赞同。

事实上，将生死与记忆关联起来的传统似乎自古就有，无论东西中外。同《寻梦环游记》里墨西哥的亡灵节一样，东方神话体系的生死界限也与记忆和遗忘密不可分。中国人古时相信死后要走"黄泉路"去往另一个世界（幽冥之界），通过"奈何桥"跨越一条名为"忘川"的河流。奈何桥边有"三生石"和"望乡台"，在桥上喝一碗孟婆送上的汤，作用是忘记前世的一切记忆，喝了孟婆的汤才能消除前世的种种因果，安心转世。传说中的这套程序，包括名称，象征着中国式的记忆和遗忘，而孟婆做的清除记忆的工作，有人认为是"组织化的社会忘却"（socially organized forgetting）系统工作的一部分。②

希腊神话中的记忆与遗忘也很类似，有极具神秘的冥界存在，同样是以河为界区分阴阳，只不过河流不止一条，共有五条，其中包括遗忘之河（The River Lethe，也译作"忘却之河"）和记忆之河（The

---

① 〔古希腊〕柏拉图：《理想国》，郭斌和、张竹明译，商务印书馆，2018。
② 范长风、王琳艳：《从孟婆汤神话看中国社会的遗忘逻辑》，《民间文化论坛》2009 年第 1 期，第 34~38 页。

River Mnemosyne）。遗忘之河的水让人忘却一切，由死神之妹勒忒掌管；而记忆之河的水让人回想起所有过往，由宙斯的情人、缪斯之母摩涅莫绪涅管理。死者面对两条河也会不知所措，饮哪一种水的确是至难的选择——死后也不能够停止思考，不愧是善于思辨的希腊人！

柏拉图的《理想国》中除了遗忘之河外，还出现了一片"遗忘之原"，甚至还提到了一条同样具有遗忘功能、喝下河水后将忘却一切的"无心之河"等，可见记忆与遗忘在希腊文明中的深刻烙印。

人们常说"永远活在记忆中"。对被铭记的对象来说，被别人和社会遗忘，就意味着退出和结束，也就是死亡；但对于进行记忆这个行为的主体来说，记忆是一种具有双重截面的自我构建的过程。一方面要警惕遗忘，因为失去关于自我的记忆意味着自我的不复存在，即自我的死亡；另一方面遗忘又是必然和必要的，只有存在遗忘，留下来的部分才能称为"记忆"、才有意义。

人们通常重视前者而忽略后者，以各种纪念和铭记的方式去对抗遗忘，甚至常把遗忘当成一种疾病和生理缺陷。事实上，遗忘不是完全被动和消极的，反而恰恰是能够打破时间的连续、推动个体及社会不断前行的东西。很多哲学家都肯定遗忘的积极意义，比如尼采就主张"主动遗忘"，他在《道德的谱系》中指出："遗忘，并不像平庸肤浅的人们所相信的那样是一种简单的怠惰，反而是一种……提供沉默的积极能力，是为无意识所提供的洁净的石板，为新来者腾出空间。"[1] 也许仅仅是巧合，这位哲学家也用了

---

[1] 〔德〕尼采：《论道德的谱系》，周弘译，生活·读书·新知三联书店，2017。该书第一、二章中讨论善恶以及良知谴责时，提到积极遗忘的功用，认为遗忘性表现为一种力量。

"石板"这个词，不管是出于有意识还是无意识，"石刻"与"记忆""文明"的关联实际上超出了普通人的想象。

可见，记忆与遗忘这两个看似截然相反的矛盾体并非完全对立，而是相互依附存在的，有时候甚至可以互相转化——某种形式的遗忘过去是为了重新开始。记忆与生命、遗忘与死亡的对等关系是动态的，存在奇妙的一致性：只有全部遗忘，才能获得新生、完成轮回——这个时候，彻底忘记又等同于重生。记忆与遗忘，二者如同一个闭环上的终点与起点，殊途同归。

个人的记忆，本就是铭记与忘记两种行为交错进行后的复杂结果，有碎片化、暂时性和重组性特征，与其说是一种记录，不如说是一种重构式的展现。个人记忆的特殊之处就在于，它既是人体的一种自然机制，同时也是可干预的社会性对象。

成为历史的集体记忆

古往今来无论是政权和个人，无不重视历史，对于历史的看法，最深入人心的莫过于"以古为镜，可以知兴替"[①]，以史为鉴、以史明志都源于此。尤其是在有悠久历史的中国，人们普遍认同历史的意义在于从过去获取经验教训，进而可以给未来以借鉴。中国人从幼儿的启蒙教育时起就开始培养对历史的近亲感——《增广贤文》开卷第一句话就是："昔时贤文，诲汝谆谆，集韵增广，多见多闻。观今宜鉴古，无古不成今。"[②]

---

① （后晋）刘昫：《旧唐书·魏徵传》，中华书局，1975，第 2561 页。
② 李冲锋译注《曾广贤文》，中华书局，2021，第 1 页。

"古"与"今"是通过千丝万缕的记忆来联结的，但和记忆相比，历史常常给人一种错觉，让人以为历史是一种具有科学的稳定性和确定性的客观事实。

事实上，虽然历史和文学、艺术作品相比，是具有一定科学属性和技术规范的研究对象，但归根结底，历史的根本前提，或者说历史本身就是某一特定社会所共享的记忆，具有模糊不定、随时变化的一面。因此，无论是历史本身还是历史研究，都非常特殊，迥异于自然科学，难以达到完全的真实客观。

究其原因，一是相当长的时期缺乏记录。我们对漫长的史前时代没有任何记忆，只能依靠考古研究推测其大致轮廓，"没有记忆就等于没有历史"，这也再次印证了历史是建立在记忆基础之上的。

二是事无巨细的海量记录。与没有信史相反，在文字、影像等记录手段高度发达的时代，信息过于细致繁杂，记录不可避免地要进行选择、切割和划分。各种有倾向性地选择、截取和使用这些记录，让还原历史"真相"变得更加困难。

越来越多的人已经认识到，研究或者学习历史可以在一定程度上发现真相，但永远找不到所谓完全客观的唯一真相，我们面对的是大量纷繁多元的"记忆"。近代以来很多历史理论都把记忆与历史联系起来，认为个体记忆如果上升到公共层面就成为共享记忆，关于一个时代的共享记忆也就是这个时代的历史。由此发展出以文化记忆为代表的一系列丰富深入的记忆论述，将历史视为社会集体记忆的产物。

前文已有所论述，法国社会学家莫里斯·哈布瓦赫把集体记忆作为社会心理学研究的一种概念，认为集体记忆是在一个群体里或现代社会中人们所共享、传承以及一起建构的事或物。他提出：社会为何需要记忆？为什么从普通人到哲人先贤，普遍都会有怀旧情绪？同时也给出了答案：人们感受到现实社会的束缚因而对过去的记忆进行了美化和重建，把最美好、神圣的事物贮存在与现今相对的另一个维度里，赋予社会的"过去"一种现实不曾拥有的魅力。也就是说，人们为了从当前社会的压力中逃离出来，用回忆构建了另一个社会。在此基础上，扬·阿斯曼出版《文化记忆》，保罗·康纳顿出版《社会如何记忆》，法国历史学家皮埃尔·诺拉出版多卷本《记忆之场》等，纷纷从多重意义上探寻"文化""记忆"以及历史之间的关系。

扬·阿斯曼将文化视为一种"凝聚性结构"，且与身份认同息息相关。他在《文化记忆》一书中提出："文化记忆"包括一个社会在一定的时间内必不可少且反复使用的文本、图画、仪式等内容，其核心是所有成员分享的有关政治身份的传统，相关人群借助它确定和确立自我形象。基于它，该集体的成员们意识到他们共同的属性和与众不同之处。

另一个反响很大的概念是富有象征意味的"记忆之场"理论。"记忆之场"即在记忆存储和繁衍的过程中经过时代洗礼保留下来的群体记忆遗产，特别是那些因人们意愿或者客观原因形成的标志性的东西，也就是"记忆所系之处"。"记忆之场"的"场"就是记忆的载体、发生之地，既可以是自然的，又可以是人为的，既可以是能被感知的经验对象，又可以是抽象创作出来的。"记忆之场"存在的意义就是，随着时间推进，人们不断赋予其新的意义，最终成为一个群体的象征，乃至塑造了我们所认知的这个群体。让在这个系统中的个体能够找到归属感，意识到自己成为一个社会群体之一员的身份，并在这个群体中共享一种文化。①

以上关于"文化记忆""记忆之场"的论述虽然没有具体所指，但"在一定的时间内必不可少""反复使用的文本、图画、仪式""经过时代洗礼保留下来的群体记忆遗产"等，每一项都与古代石刻相当贴合，至少可以说研究中国的"文化记忆"，石刻是绝佳的载体。

被建构起来的历史与身份

莫里斯·哈布瓦赫等在关于集体记忆的论述中也提出，既然遗忘伴随着记忆存在，那么与集体记忆相对应，也有"集体失忆"（collective amnesia）或者"集体遗忘"（collective forgetting）的概念。事实上，有选择地回忆，本身就意味着遗忘也在同时进行。

出生于捷克斯洛伐克的米兰·昆德拉（1929~2023）因充满诗性的《不能承受的生命之轻》而负有盛名，他借用笔下人物这样探索历史与记忆：

> "为了消灭那些民族，"许布尔说，"人们首先夺走他们的记忆，毁灭他们的书籍，他们的文化，他们的历史。另外有人来给他们写另外的书，给他们另外的文化，为他们杜撰另外的历史。之后，这个民族就开始慢慢地忘记了他们现在是什么，

---

① 〔法〕皮埃尔·诺拉编《记忆之场》，黄艳红等译，南京大学出版社，2015。

过去是什么。他们周围的世界会更快地忘掉他们。"①

　　这部小说名字的直译是"大笑和遗忘地生活"，他还写过"遗忘三部曲"的《缓慢》《身份》《无知》。"弃我去者，昨日之日不可留"，时间的单向性流逝让"现在"不断成为"过去"，也让记忆与遗忘无处不在。然而记忆和遗忘一旦和政治、民族联系起来，就具备了非常惊人的力量。一向以语言意象繁复、华丽著称的米兰·昆德拉，在深度关注和思考民族记忆时，语言风格也会直白起来，饱含一种惊心动魄的平静，例如他直言"记忆与遗忘的斗争就是人与政权的斗争"。虽然这与他曾生活在极左体制的政权下、最后不得不弃国逃亡的自身经历有关，但我们不得不承认，记忆是由外部唤起的，会受到外部环境的影响。

　　当代很有影响力的欧洲中世纪史学者帕特里克·格里有一句特别意味深长的话，"记忆是一个当下的创造性的行为"，"它不是关于过去的"②，这或许可以帮助我们解答为什么历史需要不断重修。因为历史表面上是关于遥远过去的，实质上却是一门依赖"现在"、与时共进的学问。

　　个人的记忆构成个人的历史，集体的记忆构成社会的历史。历史学家是制造集体记忆的重要角色，历史学家的写作目的就是塑造集体记忆或者说历史。近年来越来越多的新史学、后现代史学的思

①　〔捷克斯洛伐克〕米兰·昆德拉：《笑忘录》，王东亮译，上海译文出版社，2011，第5页。
②　〔美〕帕特里克·格里：《历史、记忆与书写》，罗新等译，北京大学出版社，2018，第140页。

考方式出现，辛德勇《制造汉武帝》即为一例。作者由汉武帝晚年政治形象的塑造，看《资治通鉴》的历史构建，试图证实司马光根据自己的政治观念建构历史的主观意图甚为明显，在学界和社会上引起很大反响。[①]

这本书涉及的具体争论内容可以由相关专业学界自行判断，但至少再次提醒我们关注历史学家的史料采选与史观取向问题。即便追求史实和真相是历史研究的基本原则，也存在很多令人钦佩的"直笔著史"的史家，但记录者在当时社会格局中的需求与处境必然使其判断标准受到限制，也影响他们对过去讲述的客观性与真实性。按照对历史的整体判断来取择史料是任何传统历史书写都无法避免的，我们能够看到的历史，必然是"存在多重组合的历史构建"。所以，依赖于记忆的历史，可能"不确定性"或者说"流动性"是其本质属性之一。

对此，帕特里克·格里的论述更为一针见血：

> 如果历史记忆本质上是政治，那么集体记忆也是如此。集体记忆也经过精心编排和争论过的，根本就不是不假思索地对某些曾经或者继承经历的分享。跟历史记忆一样，它也是通过持续的压迫和选择的过程来实现社群的团结和动员的策略。所有的记忆，不管是"个体的"，还是"集体的"，或是"历史的"，都是对某些（广义上）深含政治目的的事物的记忆。如

---

① 辛德勇：《制造汉武帝》，生活·读书·新知三联书店，2018。其后又出现《〈制造汉武帝〉的历史公案》（李峰，河南人民出版社，2021）、《司马光的学术逻辑与唐宋时人对汉武帝的看法》（林鹄，《文史哲》2021年第6期）等学术争鸣。

果集体记忆和历史记忆之间的差异在当下表现得很明显，而在遥远的过去却很模糊，只是因为遥远过去的记忆所形成的语境难以追索罢了。①

个体记忆的加强和消除并不完全源于主体自身的自然机制，集体记忆则更是深受外部环境的影响，包括政治、社会、经济甚至自然环境，很容易被人为干预。"集体失忆"和"集体遗忘"，前者强调结果，突出个人和社会在记忆丧失过程中被动的一面，而后者倾向于一种有意识的行动，强调主体出于某种原因主动切断与过去的联系。无论出于主动还是被动，只要有足够的时间，最终都会改变整个社会所共享的记忆，进而可以构建历史，一些历史学者甚至提出"历史是遗忘的竞争"。

文字的产生为记忆（即历史）提供了依据，同时在某种意义上也生成了桎梏。例如关于夏朝是否存在的判定即为一个典型的例子。二里头文化遗址的夏、商区分之所以不能明确判断，最大的原因所在就是没有发现成熟文字，所以无法界定历史。最近，由王巍与赵辉两位首席专家领衔的中华文明探源工程提出进入文明社会的标准为：一是生产发展，人口增加，出现城市；二是社会分工，阶层分化，出现阶级；三是出现王权和国家。这个提议概括起来就是提出了中华文明形成的新"三要素"认定标准，以"城市、阶级、王权和国家"来取代考古学诞生以来世界学界公认的"冶金术、文字和城市"。

---

① 〔美〕帕特里克·格里：《历史、记忆与书写》，罗新等译，北京大学出版社，2018，第139页。

新的标准能否得到认可还需时间检验，至少我们从中可以认识到文字对于历史的影响之大，它既是认识历史最有力的证据和支撑，在某些情况下也有可能成为限制，失实错误的文字记录甚至可能直接误导记忆。

文字对于历史的重要性再怎么强调都不为过，它是留住记忆、书写历史的最重要、最有效的方法，尤其是在影像、录音技术尚未出现的时代。没有文字的时代被称为"史前"，几乎就是在强调：没有文字就等同于没有历史。四大文明古国中只有中华文明延续至今，很大程度上就是因为其他文明古国的文字中断了。

目前为止，人类的绝大部分历史都是靠文字书写的，然而，在有文字的时代，文字与文字之间也形成竞争，这种竞争体现在文字的内容、使用文字的人、文字的形式，以及呈现文字的载体。纵观中国历史，如果说这种竞争存在胜负的话，作为遥远过去残存的遗迹和符号的石刻，无疑属于胜利者的队伍。

刻入石头的华夏文明

中国传统学问中的"石刻"，专指以石碑为载体的文字。本书以河洛地区的古代石刻文化为主题，为了系统性和完整性，采取最为广泛意义上的石刻概念，除了石碑刻字外，还包括考古学意义上的石刻，例如石器、石质造型以及原始刻画等。只有将这些石刻都纳入考察范围，才能从文化记忆的角度出发，理解华夏王朝的历史现象和华夏文明的起源和发展。

人类是历史存在物，我们的身份认同取决于我们对过去的认知，即我们的个人记忆、集体记忆和历史。"华夏"是一个让中国人感受到壮美与归宿的词，我们的祖先从茹毛饮血的原始社会、渔猎畜牧的氏族社会，发展成诗书礼乐的文明社会，经历了曲折的历程终于创造了华夏文明。同时，在长期的迁徙与交往、征伐与交融中，也逐渐形成以共同文化为基础的华夏民族——中华民族的前身。

这个过程并非一蹴而就，而是缓慢悠长的。在被中国古代文献称之为"王朝"的夏、商、周三代广域王权国家形成之前，黄河、长江流域存在众多相对独立的部族或古国，它们是并存与竞争关系，被称为"满天星斗"的时代。最初华夏的势力范围很小，或许早期的核心区域仅在二里头遗址范围内；在商周时期有所扩大，但仍然局限在一片一片区域内；春秋战国开始不断有邦国自称"诸夏"，直到秦国统一天下，与之后的汉共同完成秦汉帝国体系绑定的华夏。此后，周边其他族群不断被纳入华夏体系，建立起华夷秩序。尽管华夏王朝政治秩序时常重组，但华夏文化却始终呈现出强韧的生命力，那些试图统治中原的政权最终都需要力证自己是华夏"正统"。

所以，中国的漫长历史中除了王朝更替以外，"华夏化"（也可称作汉化、中国化）也是一条清晰可见的脉络。"华夏"不是普通族群和民族的概念，而是超越其上的，具有开放性、包容性和凝聚力的标志和象征。以下所引战国时代向往的"中国"，可为此做一个很好的注脚。

> 臣闻之，中国者，聪明睿知之所居也，万物财用之所聚也，贤圣之所教也，仁义之所施也，诗书礼乐之所用也，异敏

技艺之所试也，远方之所观赴也，蛮夷之所义行也。①

"华夏"指的不是区域、不是血缘，而是文化，即"心中的理念"。那些仰慕华风的人，远方观赴、蛮夷义行，正是华夏文化凝聚力、向心力的体现。"大一统"观念等中国特有的传统文化因素，皆来源于此。既开放包容，又凝聚核心，这是华夏文明和希腊文明、基督教文明、阿拉伯文明等其他文明体系完全不同之处，也是其强大之处。

早有很多学者已经在既往的研究中论述了所谓"族群"是指有共同的客观体质、文化特征的人群。当代学者王明珂认为，族群由族群边界来维持；造成族群边界的是一群人主观上对他者的异己感（the sense of otherness）以及对内部成员的根基性情感（primordial attachment）。族群成员间的根基性情感来自"共同祖源记忆"造成的血缘性共同体想象。由于"记忆"自身具有不确定性，族群的边界也不是一成不变的，个人或群体可以通过更改记忆来加入、接纳或脱离一个族群，也就是族群边界可以发生变迁。②

笔者认为这里的"共同祖源记忆"，与前文介绍的"集体记忆""文化记忆""记忆之场"等概念异曲同工，虽然因为切入点不同，叫法、定义略有不同，但其本质是一致的，都是对共同所属身份的强调，人们通过回忆，能够从其长期生长的社群中获得根深蒂固的社会与文化身份意识。从华夏民族到中华民族，正是以中原为

---

① （汉）刘向集录，范祥雍笺证《战国策笺证》卷十九《赵二》，上海古籍出版社，2011，第 1047 页。
② 王明珂：《华夏边缘：历史记忆与族群认同》，上海人民出版社，2020。

中心的华夏王朝与周边群体互相影响，最终形成了一种所有成员普遍认同的结果。

中国有悠久的历史和丰富的石刻遗存，虽然真实的历史一旦发生就已成为过去，完全客观真实的原貌已不可寻，但一部分"史实"还是会留下蛛丝马迹，石刻就是历史留给我们最好的线索。河洛地区的古代石刻有完整的序列，以二里头作为起点，到宋代为止，无论是王朝的更迭，还是文化风潮的交锋争鸣，我国的历史进程都能在河洛地区的古代石刻中找到痕迹。

目前发现的最早的、成熟的汉字系统来自甲骨文，其雏形还可以追溯到更早的刻画符号，可以说如果没有铭刻的习惯，也许文字本身都很难产生。青铜器何尊正是因为底部铭文中"宅兹中国"的字样而成为最重要、最负盛名的国宝之一。而这最早的"中国"二字，指的正是今日河洛地区的洛阳一带。

古代人类早就掌握了使用石材制造工具与器物的方法，文字产生后的一个重要变化是，出现了"物勒工名"的制度与习惯。即在石质器物上刻写器物名称、制作人姓名、制作时间等简单文字，记录相关信息，这也成为我国古代官方管理手工业生产、保证工程质量的传统制度。洛阳金村出土的战国墓葬石磬等石质乐器上就发现了这样的刻铭，是早期"物勒工名"制度的体现。

阿斯曼对"文化记忆"的定义强调"人类记忆的一个外在维度""对意义的传承"，非常契合石刻蕴含的"载道化人、流传广布"的核心价值。从最早石器、陶器上的符号到龟甲上的甲骨文，再到珍贵而稀少的彝铭，华夏先民铭刻行为的主要载体不断演变，石头始终贯穿于其中。秦代之后直至今日，"刻石"替代"铭金"

成为主流，大量石刻伴随着我们的历史，承载不同时期的文化记忆。汉魏、北朝、隋唐甚至直到宋代，河洛地区都是当时的刻石中心，完整见证了石刻文化演变。南宋、明清时代，刻石中心才向南迁移，虽然泉州、苏州等地开始成为新的刻石中心，但河洛地区的刻石之风直至今日也始终不坠。

文化记忆是一种沉淀下来的集体记忆，它常常附着在一种或一些象征物之上，比如河洛地区的古代石刻。本书就是以河洛地区古代石刻遗存作为"记忆之场"，从石器、石经、墓志、石窟等石刻的制造背景、镌造过程、铭刻内容、造像形制等梳理阐述、解读分析蕴含其中的文化记忆。从石刻上发现华夏文明形成和发展的历史脉络，探索华夏文明的历时性变化，寻找属于中华民族共同的、最初的身份认同和民族记忆。在对河洛古代石刻文化记忆的溯源中，也完成了对河洛文化史（在很大程度上也是华夏文化史）的线性勾勒。

终　章
河洛石刻的历史意义与当代价值

　　中国古代石刻是一个相当丰富的文化宝藏，品种繁多、数量庞大，分布范围更是十分广泛，几乎可以说自先秦以来，无石不刻、无地不刻。河洛地区长期居于华夏文明的中心区域，留下的各种石刻数量巨大。尽管其中不少因为王朝更替、战火而毁坏，目前遗存下来的数量仍然惊人。石刻根据其形制与功能的不同，又可细分出石经、碑刻、墓志、题名、摩崖等不同名目，几乎所有类别都可见于河洛地区。在河洛地区研究石刻，有得天独厚的资源优势，这里石刻种类之齐全、时代序列之完整，再没有其他任何一个地方能与之媲美。

　　河洛古代石刻对华夏民族身份的确定和强化起到了巨大作用，其意义在于呈现出能将中国古代各时期文化记忆连接起来的清晰轨迹，让人能够窥见我们的"现在"，即华夏之所以成为华夏、中国之所以成为中国的形成逻辑。

河洛地区的纪念碑刻

前文对河洛地区的古代石刻遗存现状、历史及承载的文化记忆做了考察和回顾。实际上，河洛地区的石刻文化遗存还有一些未及细说的项目，比如生活中的石刻和纪念性石碑。

前者在很长一段时期内非常普及，包括石桌、石椅等生活用品，石磨、石碾等生产工具，以及石牌坊、石屏风、石桥等建筑物。这些石制品历史悠久，很早就进入河洛地区人民的生活，其中不少都设计巧妙、造型精美，还刻有花纹和文字。它们至今仍发挥着具体的功用，不仅属于石刻文化的一部分，也已成为人们生活的一部分。

后者的数量也不少，它属于碑刻文化，但又区别于墓葬碑刻，是用于记载不应被遗忘的人和事件，以示纪念、宣传或警示等。河洛地区最为著名的纪念性碑刻有晋武帝的辟雍碑、武则天的升仙太子碑、宋仁宗的会圣宫碑等，具有最高级别规制的造型、纹饰，并有较长的铭文，史书也多有相关记载。这类石刻通常涉及当时的重大事件和重要人物，值得分析的层面很多，包括立碑的原因、政治局势、社会风潮，建造及维护情况等。由于时代久远，自然风化、人为破坏等，对铭文的解读存在一定困难，需要谨慎对照其他史料进行考证，在文字辨析、意义解读方面下功夫。另外，纪念性石碑往往还具有美术、书法等方面的艺术价值。

当代学者巫鸿在著作《中国古代艺术与建筑中的"纪念碑性"》中提出了"纪念碑性"（Monumentality）的政治景观，他认为，"纪念碑"一直是古代西方艺术史的核心，因为对于西方来说，一个博大辉煌的古代文明必然会创造出雄伟的纪念碑，从埃及的金字塔到希腊的雅典

卫城，从罗马的万神殿到中世纪教堂，这些体积庞大的建筑集宗教性
和纪念性于一身，最集中地反映出当时人们对视觉形式的追求和为此
付出的代价。相比于西方，中国对巨型建筑的追求直到三代晚期才出
现（帝王陵墓），中国古代的玉器、青铜器等礼器在政治、宗教和美学
意义上也与埃及金字塔类似，都是以特殊的视觉和物质形式强化当时
的权力概念，成为最有威力的宗教、礼仪和社会地位的象征。①

　　这种说法很有意义，运用文化史研究的手法、强调观者和作品
间相互作用的"纪念碑性"的思考方法其实也是符合文化记忆理论
的方法。事实上，除了最原始的石器工具以及强调功能性的生活中
的石刻以外，本书所讨论的河洛地区的古代石刻，几乎都完全符合
这种"纪念碑性"，即以不让后人遗忘、让人铭记为目的。不是针
对单个具体作品和静止的历史背景，而是利用视觉和文献材料尽可
能地复原一个宏观而生动的"过去"，借此考察河洛地区的石刻，
是件很有意义的事。

　　河洛地区何止有"纪念碑性"文物遗存，真正意义上的纪念
碑也众多。除了前文提到的当朝皇帝按照最高规格修建的纪念碑
以外，等级略低的纪念碑更是不胜枚举。仅白马寺一处，就有宋
崇宁二年刻石、金"重修释迦舍利塔记"碑、元"龙川和尚遗嘱
记"刻石、元"洛京白马寺祖庭记"碑、明"重修古刹白马禅
寺记"碑等。

　　洛阳偃师凤凰山上的会圣宫碑（图 53），号称"中州第一巨
碑"，立于景祐元年（1034），是宋仁宗为了纪念会圣宫落成而

---

① 〔美〕巫鸿:《中国古代艺术与建筑中的"纪念碑性"》，李清泉等译，上海人民出版
　　社，2017。

图 53　会圣宫碑

建，通高 9.2 米，碑身高 4.8 米、宽 2.19 米 ①，碑首刻着："新修西京永安县会圣宫碑铭"，碑身正面刻有三千余字的楷书，赑屃底座比一个成年人还高，足见其雄伟。会圣宫是坐落在皇陵区的行宫，主要用于祭奠宋代三位已故国君。靖康元年（1126）金军入侵中原，会圣宫被抢掠后焚烧，永安县这个行政区域也早已不存，而高大的会圣宫石碑却依然伫立。从碑的外形到文字，其文化记忆涵盖北宋王朝的方方面面。

再以女皇御笔手书的升仙太子碑为例，该碑位于洛阳城东南偃师缑山（又名缑氏山）顶峰处，较为完好地保存至今。② 此碑正面

① 鲁博、张锁成：《"三绝"于一身，中州第一碑》，《洛阳日报》2012 年 3 月 9 日。
② 清人王昶《金石萃编》《洛阳市志·文物志》《偃师县志》《偃师文物志》均记载了此碑的详细尺寸，大小略有不同。据当代碑拓者裴建平 2005 年的实测，碑身高 3.59 米，连同碑首、碑座通高 6.54 米，碑上宽 1.58 米，下宽 1.74 米，厚 0.55 米。

碑文 33 行，每行 66 字，内容非常丰富，武则天亲书包括碑额在内的 2129 字，基本内容是攀附升仙太子王子晋，歌颂武周盛世，将自己建立的周朝和历史上的周朝相连接，明显有展现武周政权合法性的意图。有意思的是，碑的背面也刻有很多文字，既有当时唐朝群臣的题记，也有后代参访者的留名和诗文，甚至还有 20 世纪初韩国遗民金秉万的题诗。学者孙英刚对升仙太子碑背后的题记做了详细统计整理和分类，认为随着政治局势的变迁，纪念碑性的内涵发生了根本性变化，从鼓吹武周政权变成了对其政治遗产的否定。①

图 54 武则天鸟形飞白书

① 孙英刚:《流动的政治景观——升仙太子碑与武周及中宗朝的洛阳政局》,《人文杂志》2019 年第 5 期，第 101~108 页。

即使不深挖升仙太子碑蕴藏的政治深意，仅从外观来看，其承载的文化记忆也很值得探究。升仙太子碑正文以今草为主，行书为辅，兼具章草韵味，笔法与结字有模仿王羲之的痕迹。启功在其《论诗绝句》中称升仙太子碑："草字书碑，前所未有。"最有特色的是，碑额采用了十分罕见的"鸟形飞白"书体（图54），点画落笔之处有鸟头状修饰。飞白体是书法中一种特殊的笔法，笔画中丝丝露白，似枯笔写就，汉代以来有不少擅长飞白书的名家，可惜都无作品留世，升仙太子碑碑额六个飞白大字神采生动，被明人评价为"碑首'升仙太子之碑'六字飞白书，作鸟形亦佳。飞白书久不传世，此其仅存者也"。另外，文中还使用了武则天自造的文字。因此，仅从书写来看，升仙太子碑也充分体现了武则天作为政治家标新立异、敢为天下先的胆略和气魄。

其实河洛地区的纪念石碑，大都意义重大、影响深远。如上简单谈及的内容可知，辟雍碑、升仙太子碑、会圣宫碑等由王朝最高统治者公开修造的纪念石碑，都涉及多重层面的政治与社会，留下复杂、深刻且具有流动性的文化记忆。另外，分析纪念碑的文化含义，怎能不涉及碑文正文？毕竟纪念碑碑体本身就是为了承载这些文字才存在的。升仙太子碑碑文两千多字，会圣宫碑碑文三千余字，都以骈文为主，从文采、典故，到意义内涵，都值得逐字逐句细细品味，然而篇幅所限在此无法全面解读和分析。

本书出于两个原因没有把纪念石碑放入正文。一是其他类型的所有石刻本身都自带追求不朽的纪念性质，很多方面与"纪念碑刻"重叠，冲淡了纪念碑作为一个整体类型的独特性。二是河洛地区的纪念碑刻数量巨大，根据内容和用途还可以再细分，如帝王碑

刻、水利相关碑刻、契约法律相关碑刻等。纪念碑刻如果作为一个
类型来进行普遍归纳的话，会因过于宽泛而无法触及其实际意义，
需要有针对性地选择出纪念性石碑中的精品进行单独解读和分析。

因此，本书仅在最后对纪念碑刻简略提及，待下次机会，需要
将河洛地区纪念碑刻单列出来，深入剖析、细细品读欣赏。它们每
一座都有重大历史背景与独特文化内涵，是震动一时的"国家工
程"，值得详细考察。更重要的是，这些纪念碑大多经历千年以上，
如果只是将其孤立视作一件文物来看的话意义非常有限，只有把它
们放进变化的历史中、放进鲜活的人群中考察，才能找到其中持续
的张力，发现其中还在产生影响力的"活着"的文化。

石刻的当代价值及走向世界之路

石头是地球上的重要物质，也一直活跃在人类的生产生活中，
与人类文明息息相关。从远古时期开始，石器就成为人类活动最为
重要的载体，可以反映人群的文化面貌，揭示人类的行为轨迹。以
洛阳为中心的河洛地区位于中国东西交汇、南北过渡的核心地带，
自古以来就有石刻的传统，是古代石刻遗存及石刻文化的宝库。

从石制品、石器到日渐成熟的石刻艺术，河洛地区与石刻相关
的丰富文化遗存、遗迹一直为不同学科、不同领域所重视。考古、
历史学者从河洛地区的栾川孙家洞、蝙蝠洞等古人类化石、石制品
等遗物和遗迹中提取古人类（群）的行为信息，寻找旧石器时代人
类行为的演化历程；通过研究二里头遗址中的石器、玉器，探寻华
夏文明起源；利用墓志、造像记等古代石刻内容，文献学者对照文

献记载补充、纠正历史；宗教、民俗学者利用石刻追寻宗教信仰在民众中的发展轨迹和特点；书法、美术研究者则长期临摹和学习洛阳碑志中的魏碑、唐楷——以至于北魏洛阳时期的楷书被称为"洛阳体"，还细分出"龙门体""邙山体"等更精细的门类。

遗憾的是，尽管河洛地区的石刻元素频繁出现在中国的历史记载中，深刻影响了中国人的社会生活和思想文化，却没有引起当代人的足够重视。除了个别著名个体，如二里头的绿松石龙形器、龙门石窟奉先寺大佛、知名人物墓志等因其特殊性受到关注、相关研究较多以外，其他石刻整体上还处于不为人知的状态。因为宣传介绍不到位，或特色不明显，另外还有交通不便、配套设施不足等原因，河洛古代石刻的价值并没有被充分认识到。大部分参观龙门石窟的游客只记住了奉先寺的卢舍那大佛，却不了解造像题记，不会特意去看"龙门二十品"；去关林只顾着烧香拜关公像，很少有人会特意去读立于明朝万历年间的"重建关王冢庙记""创塑神像壁记"等石碑；仿古建筑里人满为患，辟雍碑之类真正的珍贵文物却少人问津……无论是在学术界还是文旅经济中，本应该大放异彩的河洛古代石刻，目前只能获得零星的、碎片式的关注。

笔者认为，造成这种现象最根本的原因，是人们在认识上没有把石刻作为承载文化的珍贵物质载体，缺少将其作为整体看待的意识。这样直接造成两个不好的结果，一是同类石刻中只有最突出的才能获得瞩目，其余的个体则被低估，或者没有机会被看到；二是不同时代、不同类型的石刻遗存之间相互割裂，没有建立起联系，使得某个石刻的某个具体特征或许得到了强调，但失去了原本作为一个序列方能共同建立起来的整体意义，单个石刻的个体意义也因此大打折扣。

　　大众的认知是需要引导和启发的，文化旅游已经是洛阳经济发展的重要支撑，洛阳作为古都名城，有义务对历史遗存及其古都意蕴进行客观生动的说明与展示。只有将散落各地、形态不一的河洛古代石刻遗存实物作为一个有机整体纳入视野，再配合文献记载进行历史观察和文化解读，才能发现隐藏在其中的反映中原文化、华夏文明史进程的文化密码。文字、文学带来历史想象，历史实物看得见摸得着，二者结合能够发挥叠加效应。

　　从材质上来说，石刻最重要的特点是廉价结实、坚硬耐久。古人的刻石行为，原本就不是为了少数人，追求的是尽可能广大、尽可能久远，因而既有面向大众的质朴，也有千年不变的坚持。除去它们携带的各自历史时代的特定文化价值外，那种粗粝中的顽强生命力也不可忽视。这种持久而顽强的生命力，从本质上说，也是华夏文明、中国文化的根本特质。因此，我们现代人需要做的是，认识每种石刻的具体文化记忆，将它们串联起来理解，发现和体会凝结在石头上的华夏文明的生命力。

　　如何让古代河洛石刻更好地被现代社会认识，探索科学有效的路径来激发石刻文化的历史意义和当代价值是值得思考的课题。具体方法可能有很多种，但基本思路应该是——让古老的石刻与现代人、现代生活、现代文明建立起联系。石刻是古人留给后人的信息，需要让世人对饱经沧桑、字迹斑驳的石头产生兴趣，了解面前这块石刻实物诞生的缘由、完成以后的经历与影响，进而思考其对现代社会的意义，学会从古代文明中汲取能量。

　　实际上，河洛石刻天然具有联系大众的特质，与之交流不需要隔着博物馆的保护玻璃。清代的"孔子入周问礼乐至此"碑现长期在老城居民生活区里；始建于明代的东关大石桥至今仍是瀍河两岸的交通要道；白马寺门前的宋代石马依然在和游人合影……比起对保存环境要求非常高的"娇贵"文物来说，河洛石刻文化遗存距离民众的生活很近。人们或远远观望，或近距离端详，今天仍在直接使用着这些石头。石刻相对来说没有那么"脆弱"，甚至可称为"顽强"，不管是最早的汉魏石经还是墓表墓志，龙门石窟抑或各种纪念碑，几乎都是长期裸露在风吹雨淋的自然环境中，与庙堂、麦田等人们生活的场景相融。由于石刻的形象性、直观性，它不需要语言文字也能与人产生心灵的交流。这就是为什么不懂汉语的外国人也愿意千里迢迢来看龙门石窟，不是佛门中人见到大佛也会合掌致敬。

我们要做的就是充分利用、放大石刻本身的特性，整合河洛石刻资源。考古、历史研究者全面深入考察，提供更多关于石刻的正确信息和具体知识；思想、文化研究者的工作是发掘石刻的文化价值和背后故事，以形象生动地形式让世人理解石刻与思想、文明的关联；语言工作者用不同语言向世界讲述石刻里的中国文化内涵，深度展示华夏文化之美；宣传、旅游相关部门提供更多便利、设计更多巧妙的形式，让中外游客产生对石刻及其所在地区的兴趣。

如果这些都能够实现，那么目前洛阳旅游、经济存在的一些困扰，如游客扎堆每年四月的牡丹花会、游客住在别处只到洛阳匆匆一日游等问题就会得到解决。关于石刻的深度旅游，是有品质内涵、可持续发展的文化经济，不存在淡、旺季之分，还可以根据目标对象的文化层次、经济水平、具体要求等，结合地域其他景观，设计出多种不同层次的旅游路线方案。完美化解"洛阳的历史文化都在史书里""古都洛阳没有古迹只有仿古建筑"等由来已久的抱怨，让这个城市真正成为一个游客愿意来了再来、反复体会的地方。

　　河洛地区曾经是东西方交流的中心，早在近两千年前就形成了"四方交流、包容并蓄"的文化传统。近现代以来，当越来越多的中国城市和地区走向世界的时候，古代曾经有过荣光的中原地区却因历史和环境等原因落在了中心城市和沿海地区的后面。如何带着古老积淀和崭新风貌重新回到国际舞台，是有辉煌过往的古都城市的一大课题，洛阳也不例外。石刻或许可以成为一种与世界交流互鉴的语言，通过沉默的石头，将河洛独特的自然风貌、丰富的历史遗产以及蕴藏着的历史、文化、艺术气韵，展现给更多的国人和更广阔的世界。

结　语

　　中国的历史久远、错综复杂，延伸出来的各种文化枝蔓层叠，作为载体的物质也不断发展变化，纸张、竹简、丝绢都易朽易损、不能久藏；青铜等金属虽然牢固，但数量有限、样本太少，根本无法反映文化的全貌。千万年来，只有石头千秋不变，始终如一地伴随和见证着中华文明的发展。

　　流传至今的石刻，是这片土地上一代代古人手脑并用创造出来的智慧与技艺的结晶，携带着各自的文化记忆，也凝结着古人"千年如故，万世永传"的热切期盼。作为政治和文化景观的河洛石刻，最大价值就是它的记忆功能。尽管那些最初直接相关的人物早已不存在于人世间，风吹日晒、霜雪侵蚀也使得石头有所损毁、残缺不全，但正是由于石刻的存在，那些重大往事和活泼生命并没有完全消逝于虚无，而是换了一种形式继续存在。

　　所谓历史、所谓文化都来源于记忆，历史证明了石刻对华夏文明发展和传承的重要性。特别是河洛地区的古代石刻，涵盖了所有时期、所有种类的石刻，基本上元代之前最精华的石刻都集中在这里，可以说华夏文明的演变轨迹和密码被刻在了河洛地区的石头上。

不同时代有不同的石刻风尚，整体来说，远古时代人们学会利用和改造石头作为生产生活工具。以二里头绿松石礼制玉器为代表，人类文明有了飞跃性发展，在以实用性功能为主的石刻中加入了象征性功能，这是跨越性的发展，人们开始拥有身份归属意识，这是国家、王朝形成的基础。随着最早的中原广域王朝的形成，华夏文明体的意识也自此开始萌发。汉魏时代是碑刻云起的时代，特别是以熹平石经为代表的石经刊刻，是王朝利用石刻与儒学经典互相叠加的权威性，建立对知识阶层的管控，石经在客观上宣传弘扬了儒学经典，为中国人的思想打上了儒学价值观的底色，也造就中国人对文字的敏感与深情。以后无论时代如何变迁，华夏文明的儒学底色都不会改变，人们对文字之美的追求也延续至今。出现于东汉、正式兴起于魏晋时期的墓葬石刻，在南北朝时大体定型，于唐代达到高潮，持续到宋元明清，直至今日仍长盛不衰，是中国人对死亡的纪念形式。人们将对逝者的评价、哀思铭刻于石，并把这种行为逐渐巩固为生者对死者的怀念，以及对生死的思考。对待死亡"事死如事生"，是一种以人间生活为样板想象死后世界的思想，实际上是在模糊生与死的边界，体现了中国人重视现世的人生态度和文化本质。建造石窟的热潮兴起于北魏，极盛于大唐，龙门石窟作为摩崖石刻的杰出代表，既是皇权集中全国人力物力营造的产物，也是佛教信仰真正进入中原的体现。从龙门石刻可以看到来自印度的佛教完成中国化、世俗化的进程，佛教走进民众内心的同时也融入了中华文明。还有众多纪念碑刻，有的体现了王朝更替中流动的政治景观，有的记录了百姓生活中的重大事件……

如果说二十四史在纸上记录和构建了中国人共同的历史世界，

那么河洛地区的石刻遗存就是这些历史的具体实践结果。看似零散分布的石刻，实际上传承有序，闪烁着丰富而多元的文化要素。它们是由华夏文明进程这条隐秘的暗线连接着的，其中既有统治阶级的有意操控，也有历史发展的客观必然，在社会和时间层面上起到连接和传承作用。河洛古代石刻在意识形态方面影响巨大，潜移默化地影响和塑造着中国人的思维方式和精神世界，其文化记忆凝聚华夏文明的共识和价值原则，进而形成身份认同。

"铭刻于石"这个看似最原始笨拙、技术含量最低的行为，即便是在科技高度发达的时代，仍然有不可替代之处。科幻小说《三体》中，面临着灭亡危机的人类，需要将地球文明遗迹至少保存一亿年，然而人类的科学技术最高端的量子存储器，保存期限只有五百年，现在最常被使用的 U 盘，最多可以保存五千年，光盘最多可以保存十万年，印刷品在最佳保存环境中最多可以保存二十万年。而这些和一亿年相比，都太微不足道，最后发现唯一可行的方法是把字刻在石头上。虽然这只是科幻作品中的一幕，却提醒我们，石刻并不完全是古老过往的遗物，也关乎现在和未来。

因此，本书尝试从"文化""记忆"相结合的视角，将石刻与中原地区的思想文化、华夏文明的发展进程进行对照分析，重点关注与这些石刻在同一片空间生活的人与石刻的互动关系，希望通过解读河洛地区古代石刻的文化记忆，发现和理解河洛地区的古代石刻是如何参与历史书写，如何塑造、建构华夏历史的，进而引发更多的人关注石刻作为精神与物质双重遗产的历史意义与当代价值。

图片索引

物馆）

图 11：二里头出土绿松石铜牌饰（作者摄影于二里头夏都遗址博物馆）

图 12：二里头出土绿松石龙形器（作者摄影于二里头夏都遗址博物馆）

图 13：甲骨文中的"虫"字与"龙"字（刘钊、冯克坚:《甲骨文常用字字典》，中华书局，2019）

图 14：二里头绿松石龙形器俯视图（作者摄影于二里头夏都遗址博物馆）

图 15：熹平石经残石（河南博物院编著《中原古代文明之光》，科学出版社，2011）

图 16：正始石经残石（故宫博物院官网主页）

图 17：熹平石经拓本（孙宝文编《熹平石经选》，上海辞书出版社，2016）

图 18：正始石经拓本（吴迪提供）

图 19：登封周公测景台测影石碑（王邦维:《跨文化的想象:文献、神话与历史》，中国大百科全书出版社，2017）

图 20：新郑出土圭形无字碑（朱士光编《黄帝故里古都历代文献汇典》，中国文联出版社，2004）

图 21：袁安碑拓片（《北京图书馆藏中国历代石刻拓本汇编（一）》，中州古籍出版社，1997）

图 22：1964 年洛阳偃师西大郊村出土的东汉刑徒砖拓本（周菲:《偃师西大郊村出土东汉刑徒墓砖》，《史学月刊》1982 年第 3 期）

编（二十）》，中州古籍出版社，1997）

图 39：富弼墓志盖（史家珍等：《富弼家族墓地发掘简报》，《中原文物》2008 年第 6 期）

图 40：朱常洵墓志（李献奇、张钦波：《明福王朱常洵圹志》，《中原文物》1987 年第 10 期）

图 41：单君墓志铭拓本（河南省文物研究所等编《千唐志斋藏志》，文物出版社，1984）

图 42：卜千秋墓壁画（黄明兰：《洛阳西汉卜千秋壁画墓发掘简报》，《文物》1977 年第 6 期）

图 43：麦田里的宋陵石刻（朱尧摄影于宋陵）

图 44：千唐志斋一角（常立新摄于千唐志斋博物馆）

图 45：伊阙龙门（张水利摄影于龙门）

图 46：古阳洞（伴游中国石窟丛书编纂委员会编《伴游中国石窟之洛阳龙门》，中州古籍出版社，2019）

图 47：取法龙门石窟的巩义石窟帝后礼佛图局部（曹森摄于巩义石窟寺）

图 48：奉先寺群雕（伴游中国石窟丛书编纂委员会编《伴游中国石窟之洛阳龙门》，中州古籍出版社，2019）

图 49：中间为弥勒的摩崖三世佛龛（龙门文物保管所编《龙门石窟》（第二卷），文物出版社，1992）

图 50：药方洞（伴游中国石窟丛书编纂委员会编《伴游中国石窟之洛阳龙门》，中州古籍出版社，2019）

图 51：《元燮造像记》拓本（刘景龙编著《龙门二十品：碑刻与造像艺术》，中国世界语出版社，1995）

图 52：李叔同临《始平公造像题记》（人民美术网，http://www.peopleart.tv/54885.shtml）

图 53：会圣宫碑（邵世海摄影于偃师）

图 54：武则天鸟形飞白书（侯晓斌:《从〈升仙太子碑〉看武则天的书法艺术》,《乾陵文化研究》2010 年第 5 辑）

主要参考文献

（汉）司马迁：《史记》，中华书局，1982。

（汉）刘向集录，范祥雍笺证《战国策笺证》，上海古籍出版社，2011。

（汉）许慎：《说文解字》点校本，中华书局，2020。

（汉）王符著，（清）汪继培笺，彭铎校正《潜夫论笺校正》，中华书局，1985。

（晋）陈寿：《三国志》，中华书局，1982。

（南朝宋）刘义庆著，（南朝梁）刘孝标注《世说新语笺疏》，中华书局，2007。

（南朝宋）范晔：《后汉书》，中华书局，1965。

（南朝）刘勰：《文心雕龙译注》，齐鲁书社，2009。

（北魏）郦道元著，陈桥驿校证《水经注校证》，中华书局2007。

（北魏）杨衒之：《洛阳伽蓝记校笺》，中华书局，2006。

（北齐）魏收：《魏书》，中华书局，1997。

（南朝梁）沈约：《宋书》，中华书局，1974。

（南朝梁）释慧皎撰，汤用彤校注，汤一玄整理《高僧传》，中华书局，1992。

（唐）魏徵等:《隋书》，中华书局，1973。

（唐）释道宣:《广弘明集》，景印文渊阁《四库全书》（第1048 册），台北商务印书馆，1985。

（唐）房玄龄等:《晋书》，中华书局，1974。

（唐）李延寿:《北史》，中华书局，1974。

（唐）孙过庭，（宋）姜夔:《书谱、续书谱》，浙江人民美术出版社，2012。

（后晋）刘昫等:《旧唐书》，中华书局，1975。

（宋）洪适:《隶释》，中华书局，2003。

（宋）司马光:《资治通鉴》，中华书局，1956。

（宋）欧阳修等:《新唐书》，中华书局，1975。

（宋）苏轼:《苏轼文集》，中华书局，1986。

（宋）李清照著，黄墨谷辑校《重辑李清照集》，中华书局，2009。

（宋）李昉等:《太平御览》，中华书局，1960。

（宋）王溥:《唐会要》，中华书局，1960。

（元）脱脱等:《宋史》，中华书局，1985。

（明）杨慎:《全蜀艺文志》，文渊阁《四库全书》卷五九，上海古籍出版社，2003。

（明）吴讷、徐师曾:《文章辨体序说·文体明辨序说》，人民文学出版社，1998。

（清）顾炎武:《石经考》，景印文渊阁《四库全书》（第 683 册），台北商务印书馆，1985。

（清）皮锡瑞:《经学历史》，中华书局，2004。

（清）王昶:《金石萃编》，中国书店出版社，1985。

（清）陈立撰，吴则虞点校《白虎通疏证》，中华书局，1994。

（清）赵翼著，王树民校证《廿二史札记校证》，中华书局，1984。

康有为著，崔尔平注《广艺舟双楫注》，上海书画出版社，1981。

（清）叶昌炽撰，柯昌泗评《语石、语石异同评》，中华书局，1994。

（清）武亿著，高敏、袁祖亮校点《授堂金石跋》，中州古籍出版社，1993。

（清）孙诒让:《周礼正义》，中华书局，2015。

黄寿祺、张善文:《周易译注》，上海古籍出版社，2018。

刘胜利编《论语》，中华书局，2006。

许松华注析《风雅颂:诗经三百首精选》，北京时代华文书局，2016。

冯国超译注《山海经》，商务印书馆，2009。

〔日〕田中英司:《石器绘图》，王春雪等译，科学出版社，2021。

〔日〕后藤久:《西洋住居史:石文化和木文化》，林铮顗译，清华大学出版社，2011。

〔日〕松石日奈子:《龙门古阳洞初期造像的中国化问题》，云中译，《华夏考古》1999年第2期。

〔美〕巫鸿:《中国古代艺术与建筑中的"纪念碑性"》，李清泉等译，上海人民出版社，2017。

〔法〕莫里斯·哈布瓦赫:《论集体记忆》，毕然、郭金华译，上海人民出版社，2002。

〔德〕阿斯特莉特·埃尔：《文化记忆理论读本》，冯亚琳译，北京大学出版社，2012。

〔德〕扬·阿斯曼：《文化记忆》，金寿福、黄晓晨译，北京大学出版社，2015。

〔德〕阿莱达·阿斯曼：《回忆空间》，潘璐译，北京大学出版社，2016。

〔美〕保罗·康纳顿：《社会如何记忆》，纳日碧力戈译，上海人民出版社，2000。

〔荷兰〕许理和：《佛教征服中国》，李四龙译，江苏人民出版社，2003。

〔法〕马克·菲马罗利：《"我是他人"：对于同一性的误解》，载《第欧根尼》中文精选版编辑委员会编选《文化认同性的变形》，商务印书馆，2008。

〔美〕陈云倩：《金石：宋朝的崇古之风》，梁民译，社会科学文献出版社，2022。

〔英〕斯图尔特·霍尔编《表征——文化表象与意指实践》，徐亮、陆兴华译，商务印书馆，2003。

〔古希腊〕柏拉图：《理想国》，郭斌和、张竹明译，商务印书馆，2018。

〔美〕帕特里克·格里：《历史、记忆与书写》，罗新等译，北京大学出版社，2018。

〔英〕希安·琼斯：《族属的考古——构建古今的身份》，陈淳、沈辛成译，上海古籍出版社，2017。

气贺泽保规编《隋唐洛陽と東アジア——洛陽学の新地平》，法藏馆书店，2020。

〔瑞典〕喜仁龙:《5—14世纪的中国雕刻》，栾晓敏、邱丽媛译，广东人民出版社，2019。

〔德〕尼采:《论道德的谱系》，周弘译，生活·读书·新知三联书店，2017。

〔捷克斯洛伐克〕米兰·昆德拉:《笑忘录》，王东亮译，上海译文出版社，2011。

陈寅恪:《隋唐制度渊源略论稿》，生活·读书·新知三联书店，2001。

陈寅恪:《金明馆丛稿初编》，生活·读书·新知三联书店，2001。

程维荣:《拓跋宏评传》，南京大学出版社，1998。

裴文中:《旧石器时代之艺术》，商务印书馆，2015。

朱乃诚:《仰韶文化庙底沟类型彩陶鸟纹研究》，《南方文物》2016年第4期。

陆和九:《中国金石学讲义》，北京图书馆出版社，2003。

裘锡圭:《关于石鼓文的时代问题》，《传统文化与现代化》1995年第1期。

余英时:《史学、史家与时代》，广西师范大学出版社，2004。

赵静蓉:《文化记忆与身份认同》，生活·读书·新知三联书店，2015。

王明珂:《华夏边缘:历史记忆与族群认同》，上海人民出版社，2020。

赵超:《中国古代石刻概论》(增订本),中华书局,2019。

施蛰存:《金石丛话》,北京出版社,2017。

戴元光、金冠军:《传播学通论》,上海交通大学出版社,2007。

王天乐:《碑鸣:中国古代"读碑图"的图像功能与文化意涵》,《美术》2023 年第 8 期。

程章灿:《石刻文献之"四本论"》,《四川大学学报》(哲学社会科学版)2022 年第 5 期。

程章灿:《石刻现场阅读及其三种样态》,《文献》2021 年第 4 期。

马衡:《凡将斋金石丛稿》,中华书局,1977。

朱剑心:《金石学》,浙江人民美术出版社,2015。

史善刚:《河洛文化论纲》,河南人民出版社,1994。

朱绍侯:《河洛文化与河洛人、客家人》,《文史知识》1994 年第 3 期。

薛瑞泽:《论河洛文化的滥觞期》,《河南科技大学学报》(社会科学版)2006 年第 2 期。

夏正楷:《我国黄河流域距今 4000 年的史前大洪水》,《中华文明探源工程文集环境卷》(1),科学出版社,2009。

中国社会科学院考古研究所编《二里头考古六十年》,中国社会科学出版社,2019。

蔡运章:《远古刻画符号与中国文字的起源》,《中原文物》2001 年第 4 期。

曹定云:《夏代文字求证——二里头文化陶文考》,《考古》

2004 年第 12 期。

张崇琛:《黄帝战胜末代炎帝及蚩尤的纪功之辞——〈仓颉书〉试释》,《甘肃社会科学》2012 年第 3 期。

陈英杰:《关于仓颉整理、统一文字说的重新检讨》,《中国文字研究》2010 年总第 13 期。

陈光铭、张富强:《北京最后的碑刻世家:让岁月凝固在石头上》,《北京青年报》2006 年 3 月 6 日。

启功:《启功书法丛论》,文物出版社,2003。

邢义田:《汉碑、汉画和石工的关系》,《故宫文物月刊》1996 年第 4 期。

杨爱国:《汉代画像石产业链研究》,《考古与文物》2023 年第 1 期。

许宏:《最早的中国》,科学出版社,2009。

中国社会科学院考古研究所编著《中国考古学·夏商卷》,中国社会科学出版社,2003。

庞小霞:《中国出土的新石器时代绿松石器研究》,《考古学报》2014 年第 2 期。

秦小丽:《二里头文化时期绿松石饰品的生产与流通》,《中原文物》2022 年第 2 期。

中国社会科学院考古研究所二里头考古队编著《二里头:1999~2006》,文物出版社,2014。

中国社会科学院考古研究所二里头工作队:《1981 年河南偃师二里头墓葬发掘简报》,《考古》1984 年第 1 期。

中国社会科学院考古研究所编著《二里头陶器集萃》,科学出版社，1995。

中国社会科学院考古研究所二里头工作队：《河南偃师市二里头遗址中心区的考古新发现》，《考古》2005 年第 7 期。

李泽厚：《说巫史传统》，上海译文出版社，2012。

李零：《说龙兼及饕餮纹》，《中国国家博物馆馆刊》2017 年第 3 期。

袁广阔：《论二里头文化龙崇拜及其对夏商文化分界的意义》，《郑州大学学报》（哲学社会科学版）2022 年第 6 期。

王青：《二里头遗址出土神灵形象的复原与研究》，载杨晶、蒋卫东执行主编《玉魂国魄：中国古代玉器与传统文化学术讨论会文集》（六），浙江古籍出版社，2010。

袁广阔：《龙图腾：考古学视野下中华龙的起源、认同与传承》，《光明日报》2020 年 12 月 2 日。

曹兵武：《二里头文化：华夏正统的缔造者》，《中原文化研究》2021 年第 6 期。

何广棪：《乾隆石经考述》，《古籍整理研究学刊》2008 年第 1 期。

马衡：《汉石经集存》，上海书店出版社，2014。

张旭华：《九品中正制研究》，中华书局，2015。

王国维著，黄爱梅点校《王国维手定观堂集林》，浙江教育出版社，2014。

王刚：《文本与政治：熹平石经〈论语〉研究发微》，《华中国学》2018 年第 1 期。

吴涛：《"熹平石经"与东汉政府对太学控制的加强》，《河南科技大学学报》（社会科学版）2020 年第 6 期。

马宗霍：《书林藻鉴·书林记事》，文物出版社，1984。

王邦维：《洛州无影与天下之中》，《四川大学学报》（哲学社会科学版）2005 年第 4 期。

王邦维：《洛州无影》，《文史》2000 年第 3 期。

王邦维：《再说洛州无影》，《唐研究》2004 年第 10 期。

马子云：《碑帖鉴定》，广西师范大学出版社，1997。

刘承干：《希古楼金石萃编》，新文丰出版公司，1982。

张志亮：《洛阳东汉刑徒墓砖概说》，《东方艺术》2022 年第 12 期。

张亚静：《论纸本传播与宋代墓志书写新变》，载杜桂萍主编《励耘学刊》2021 年第 2 辑，社会科学文献出版社，2022。

史家珍等：《富弼家族墓地发掘简报》，《中原文物》2008 年第 6 期。

李献奇、张钦波：《明福王朱常洵圹志》，《中原文物》1987 年第 10 期。

刘成国：《北宋党争与碑志初探》，《文学评论》2008 年第 3 期。

杨宽：《中国古代陵寝制度研究》，上海人民出版社，2003。

徐晓鸿：《〈阿罗憾墓志铭〉释义》，《天风》2019 年第 7 期。

朱记荣编《金石全例》，北京图书馆出版社，2008。

余英时：《东汉生死观》，侯旭东译，上海古籍出版社，2005。

黄明兰：《洛阳西汉卜千秋壁画墓发掘简报》，《文物》1977 年第 6 期。

史铁生：《病隙随笔》，人民文学出版社，2008。

胡鸿:《蛮女文罗气的一生——新出墓志所见北魏后期蛮人的命运》,载武汉大学中国三至九世纪研究所编《魏晋南北朝隋唐史资料》第三十五辑,上海古籍出版社,2017。

罗新:《漫长的余生》,北京日报出版社,2020。

金观涛、刘青峰:《中国思想史十讲》,法律出版社,2015。

宿白:《中国石窟寺研究》,文物出版社,1996。

米文平:《鲜卑石室的发现与初步研究》,《文物》1981年第2期。

杨泓:《探掘梵迹》,生活·读书·新知三联书店,2022。

温玉成:《河洛上都龙门山之阳大卢舍那像龛记》,《中原文物》1984年第3期。

邹满星:《奉先寺大像龛石窟造像艺术》,《唐都学刊》2009年第1期。

罗世平:《天堂法像——洛阳天堂大佛与唐代弥勒大佛样新识》,《世界宗教研究》2016第2期。

宫大中:《龙门石窟艺术》,上海人民出版社,2002。

王瑞蕾:《龙门石窟所见北海王元详石刻题记再研究》,《敦煌研究》2021年第2期。

李国坤等:《石刻药方:一种特殊的出版传播形式》,《传播与版权》2019年第3期。

张瑞贤:《龙门药方释疑》,河南医科大学出版社,1999。

范长风、王琳艳:《从孟婆汤神话看中国社会的遗忘逻辑》,《民间文化论坛》2009年第1期。

辛德勇:《制造汉武帝》,生活·读书·新知三联书店,2018。

李峰:《〈制造汉武帝〉的历史公案》，河南人民出版社，2021。

林鹄:《司马光的学术逻辑与唐宋时人对汉武帝的看法》，《文史哲》2021 年第 6 期。

程永建、周立主编《洛阳龙门唐安菩夫妇墓》，科学出版社，2017。

刘连香:《民族史视野下的北魏墓志研究》，文物出版社，2017。

河南省文物研究所等编《千唐志斋藏志》，文物出版社，1984。

龙门文物保管所编《龙门石窟》，文物出版社，1992

伴游中国石窟丛书编纂委员会编《伴游中国石窟之洛阳龙门》，中州古籍出版社，2019

北京图书馆金石组编《北京图书馆藏中国历代石刻拓本汇编》，中州古籍出版社，1997。

王东洋:《石刻文献与河洛文化论稿》，人民出版社，2022。

朱士光编《黄帝故里古都历代文献汇典》，中国文联出版社，2004。

郝本性:《郝本性考古文集》，科学出版社，2012。

王巍主编《中国考古学百年史：1921—2021》第一卷（上），中国社会科学出版社，2021。

周绍良主编《唐代墓志汇编》，上海古籍出版社，1992。

郭玉堂:《洛阳出土石刻时地记》，大象出版社，2005。

启功:《启功论书绝句百首》，荣宝斋出版社，1995。

赵振华:《洛阳古代铭刻文献研究》，三秦出版社，2009。

后　记

　　人到中年，越发觉得人生中没有绝对的偶然，一切都是因果，正如史铁生所说："果然在那明媚的阳光中传来了那一声枪响。"无知少年射出的子弹，隔着岁月的河，击中的是多年以后的自己。普通人的平凡日子，虽然没有太多悲壮色彩或是戏剧性，但从某个节点倒推之前的种种，无论是阴差阳错，还是机缘巧合，最后似乎都成为互相关联的"命中注定"，比如我与这本书的缘分来自 2018 年 4 月。

　　那时的洛阳春暖花开，我在参加古都论坛时偶识来自东京艺术大学的井上隆史老师，他送我一本展示通过科技精密复制再现文物的图册『素心伝心』（東京芸術大学シルクロード特別企画実施委員会，2017）。这是一本图文并茂的书，介绍东京艺术大学投入大量精力财力，通过专利技术对世界各地亟待抢救的宝贵文物进行空间、形状、材料、质感、颜色等全方位的精准复制、复原。这本现在还在书架上、偶尔会被我翻开的书印刷异常精美，副标题是"クローン文化財　失われた刻の再生"，意为"复原文化财产，重生失去的时刻（雕刻）"。当时这个"刻"字尤其吸引我——妙就妙在"失われた刻"，既可以指时间（一刻千金的那个瞬息），也可以指雕刻（一铲一凿的鬼斧神工）。虽然汉语中的"刻"字也有这两个语义，但需要和其他字组合成词才符合我们的语言习惯，而"失われた刻"在宽泛暧昧的日语中，无论指"流逝的时光"还是"消失的石刻"，都同样自然，也同样令人感受到莫名的怅然。

没想到在那之后不久，我因为一直关注洛阳历史文化而接触到出土墓志，有幸结识相关学者和收藏家，得以近距离欣赏观摩洛阳的古代墓志石碑。由此开始深入学习北朝、唐代墓志，并踏上探访河洛地区的古代石刻文化之旅。

河洛地区的文物精华曾经蔚为国光，可惜那些金碧辉煌的宫殿、精美绝伦的瑰宝都因战火沧桑而百不存一。但我们还是幸运的，至少还有大量古朴的石刻走过时间，顽强地残存着。工匠挥汗如雨的奋力打磨，艺术家细致的精雕细刻，随着形状、线条、深浅凹凸的形成，一瞬间倾注的力量、一个时期积淀的审美，以至于整个时代的风尚民俗都悄无声息地定格下来。那些不同时光的文化记忆，带着远去时代的一角，隐秘地停留在那些石头上，等着现代人去发现。

此后很长一段时间我都沉浸在各种拓片中，现实中的"石刻"与历史上的"时刻"叠成我的关键词，近五年都沉浸其中、乐此不疲。与志同道合的师友组成团队，定期交流，收集整理历代洛阳出土墓志精华，多次实地探访龙门石窟、洛阳周边的碑刻，并参与建成河南科技大学外国语学院古都文化虚拟仿真系统语言实训系统。恰逢河南黄河文化国际交流研究院推出"河南文化与对外交流"丛书，得益于河南科技大学及外国语学院领导的重视，本书有幸得以面世，本书同时也是"双向构建对外话语体系中的河南形象（2022XWH064）"项目成果。

《河洛石刻文化记忆研究》是继《华夏之心：中日文化视域中的洛阳》（社会科学文献出版社，2020），《洛阳传》（外文出版社，2022）之后，我的第三本关于洛阳文化的书。洛阳城是我的终生课题，但苦于自身学力见识的不足，始终觉得这个研究对象太过包罗万象。历史本身就已遥不可及，涉及文化更是深不可测，目前很多研究都还停留在表层，宏大却浅薄，我所做的也不例外。在众多前辈、师友的指点、影响下，我终于决定从石刻这个细致而具体的主题入手，通过历代石刻凿出一个探洞，进一步理解和探求洛阳的都城文化和它的影响。

在石刻这个探洞中，我如同迷途的渔人误入桃花源，从"仿佛若有光"，到"初极狭，才通人"，再到"复行数十步，豁然开朗"，既惊喜于河洛地区的石刻数量之众、质量之高，也惊叹于石刻涉及历史之久、与华夏文明渊源之深。非常惭愧的是，即使把研究范围从洛阳文化缩小到河洛石刻文化，我所见之处仍然浩渺无边，用尽心力完成的作品仍显浅薄……

术业有专攻，这本书不是针对一件文物的考古学研究，也不是对某个时期或某类石刻的历史学考证。写这本书的初衷源于深感河洛石刻甚至中国石刻文化的真正价值尚未真正被世人关注。河洛地区的古代石刻，作为文物曾被海内外不法分子觊觎、作为景点被游客走马观花地游览。就连专家学者，大多也只是将其作为考古对象或者地位不高的补充史料。带着众多文字及非文字信息，既沧桑又鲜活地伫立在我们生活中的各种石刻，其文化内涵、社会价值、与人们思想意识及文明的关联，都没有真正为人所识。

这本小书不同于全面收集整理石刻材料的资料书、工具书或者用于历史考证的专业书籍，着眼于石刻的特殊材料属性、制作目的及信息传播方式，从文化记忆的角度对河洛地区石刻及其传统进行梳理，考察各类石刻最精华的代表性遗存的现状，重点分析河洛石刻在不同思想文化领域承载的历史记忆与其价值影响，还提出了古老石刻的当代意义，对其通过何种形式走向世界等问题进行了探讨。虽然想法还不够成熟，也未及深入展开论述，但我始终认为，与普通文字记录、史料不同，石刻是可以作为一种代表古老东方文明的文化景观展现在世人面前的。尤其是位于华夏文明起源、王朝更替、各种思想杂糅的河洛地区的石刻，它们从策划、制造到被应用、观瞻，涉及各个时代不同阶层的大量人群。在从制作伊始至今的超长时间段中，与人有密切关联，这是石刻最大的特点，也是可以通过石刻研究社会、文明、文化等课题的有力依据。石刻上的文化记忆是如何形成并发挥作用的，历史记忆、文化认同和文化传承方式之间有什么样的关系，华夏文明的发展进程、参与其中的政治力量、世风思潮的兴衰、民族记忆、身份认同的形成，等等，都是有待探索的重要课题。

黄庭坚在《书磨崖碑后》中说："春风吹船著浯溪，扶藜上读《中兴碑》。平生半世看墨本，摩挲石刻鬈如丝。"这个时代充斥着太多光怪陆离的影像和嘈杂，能够沉心致力于石上刻痕是很珍贵的体验。我的个人资历能力都极其有限，加上时间仓促，来不及细细打磨，本书必然存在不少错误与不足，欢迎批评，感谢鼓励，文化探求路上同行者的曲折呼应是我继续前行的力量源泉。真心期待专业学者、文化大家，能关注到河洛石刻中的文化记忆功能，从更高层次、更专业的角度给予指导指正。

黄　婕

2023 年 9 月

图书在版编目(CIP)数据

河洛石刻文化记忆研究 / 黄婕著. -- 北京 : 社会
科学文献出版社, 2023.11
（河南文化与对外交流）
ISBN 978-7-5228-2722-3

Ⅰ. ①河… Ⅱ. ①黄… Ⅲ. ①石刻－文化－洛阳
Ⅳ. ①K877.404

中国国家版本馆CIP数据核字（2023）第207136号

· 河南文化与对外交流 ·

河洛石刻文化记忆研究

著　　者／黄　婕

出 版 人／冀祥德
组稿编辑／任文武
责任编辑／李　淼
责任印制／王京美

出　　版／社会科学文献出版社·城市和绿色发展分社（010）59367143
　　　　　地址：北京市北三环中路甲29号院华龙大厦　邮编：100029
　　　　　网址：www.ssap.com.cn
发　　行／社会科学文献出版社（010）59367028
印　　装／三河市东方印刷有限公司

规　　格／开　本：787mm×1092mm　1/16
　　　　　印　张：17.75　字　数：210千字
版　　次／2023年11月第1版　2023年11月第1次印刷
书　　号／ISBN 978-7-5228-2722-3
定　　价／98.00元

读者服务电话：4008918866